ちくま文庫

# ゼロから始めるジャック・ラカン

## 疾風怒濤精神分析入門 増補改訂版

片岡一竹



筑摩書房

# はじめに　こんな疾風怒濤の時代だから

読者諸賢がどのような興味からこの本を手に取られたのか分かりませんが、少なくともこの序文を読んでいただいている以上、精神分析について何らかの関心をお持ちのことでしょう。

一般的に、精神分析に向けられる関心には二つのものがあります。

まずは、①臨床実践としての精神分析への関心です。詳しくは第一章で解説しますが、精神分析は精神医療（精神医学）や心理臨床（臨床心理学）に並ぶ「心の治療」の一つです。あなたは精神科医や臨床心理士（公認心理師）による治療を受けている方でしょうか。あるいは精神分析を受けてみたいと思っている方でしょうか。それとも精神科医か心理士（ないしはその志望者）で、教養として精神分析のことを知りたいと思っているのでしょうか。いずれにせよ、臨床的興味からこの本を読もうと思われた方は多いでしょう。

あるいはそれとは別に、②思想としての精神分析への関心から読まれている方もおられると思います。元来「心の治療」のために生まれた精神分析ですが、その斬新な思想は、哲学や文学・映画批評、社会学などの分野にも多くの影響をもたらしました。現在はあいにく治療としての精神分析が下火になっているということもあり、哲学や文学を通して精神分析に興味を持った方も多いと思います。

特に本書で解説するジャック・ラカン（一九〇一―一九八一）は、治療者というよりも、もっぱらフランス現代思想の論客という印象で受け止められています。ラカンを学びたいと思う人の多くが哲学的関心から興味を抱くものです。

つまるところ、精神分析は①臨床実践としての側面と、②思想としての側面の二つを持っているわけです。本書は、この二つの面から、全く知識がない方にも理解できるように、精神分析のイロハのイを解説したものです。[*1]

＊＊＊

とはいえ、治療と思想は複雑に絡み合っており、截然《せつぜん》と分けられるものではありません。思想としての精神分析は、一見して直接的な臨床と関係のない、単に思弁的な議論に思えるかもしれません。しかしそれは、臨床を捨ててしまったことを意味するわけではありません。むしろ、「真の精神分析の臨床はどうあるべきか」を徹底的に考えた結果として、抽象的な思弁にも見えるような議論が必要になったのです。

反対に言えば、そうした抽象的思考を経ずに小手先の臨床的技法だけを知ったところで、精神分析を学んだことにはなりません。「難しい理屈は抜きにして、手っ取り早く精神分析の技法《テクニック》を知りたい！」と思われる方がいるかもしれませんが、残念ながら、本書はその期待には応えられません。

なぜなら精神分析で用いられる「技法」（のように見えるもの）は、それを裏付ける臨床的思想を理解しなければ、端的に意味不明なものにしか思えないからです。

精神分析は紛れもなく一つの臨床実践です。しかし精神分析がもつ「治療」のイメージは、一般的な「心の治療」とはかけ離れています。というのも、精神分析が目的とするのは単に**「心の病を治すこと」**ではないからです。

よく「今や優れた治療法がたくさんあるから、精神分析はもう時代遅れだ」というようなことが言われますが、それは間違った考え方です。というのも、他の臨床実践と精神分析が目指すものは明確に異なり、両者は同じ土俵で争ってはいないからです。精神分析には精神分析自身の道があり、それは他の治療では代用できないものなのです。

＊1　以下、単に「精神分析」と言った時は「ラカン派の精神分析」を意味すると思ってください。また「分析」という略称も用いますが、これも精神分析を意味するものです。

＊＊＊

それでは、精神分析は何を目指すのでしょうか？　本書の第Ⅰ部では、まずこうした疑問に答えるべく、精神分析の臨床のあり方を明らかにしたいと思います。「精神分析と他の臨床実践はどう違うのか」「精神分析は何を目指すのか」「精神分析の臨床はどのように行われるか」……これらのトピックを解説することで、さまざまな「心の治療」の中での精神分析独自のポジションやスタンスがお分かりになるでしょう。

臨床的な興味から本書を手に取られた方は、主に第Ⅰ部を中心的に読んでいただくことをお薦《すす》めします。しかしながら、繰り返すように、精神分析において治療と思想は切り離せないものです。ですから、第Ⅱ部以降の議論にも、臨床にまつわるさまざまなヒントが見つかるのではないかと思います。

第Ⅱ部では精神分析理論の内容を紹介していきます。無意識、想像界・象徴界・現実界、鏡像段階、シニフィアン、〈父の名〉、欲望、享楽、対象$a$などのさまざまなキーワードを、主にラカン理論の年代的変遷に沿って解説します。

理論的関心から分析に興味を持った方は、第Ⅱ部だけお読みになるのでも構いません。ただし、これらの理論がそもそも何のためにあるかを理解するためには、第Ⅰ部を読んでいただくことが欠かせません。

いきなりネガティヴなお話になってしまいますが、確かに精神分析は昔ながらの臨床実践であり、お金や時間が少なからずかかります。「手っ取り早く病気を治して社会復帰したい！」と望む方には、精神分析はあまり多くのことができないかもしれません。

＊＊＊

現代は社会、経済、文化の情勢が目まぐるしく変化し、つねに〈速く〉あることが求められます。仕事を離れ趣味に没頭していても、次々に生産されるコンテンツを追いかけることになり、相も変わらず〈速く〉あらねばならないという状況です。

まさしく現代は疾風怒濤の時代だと言えるでしょう。もちろん、この言葉が生まれた一八世紀後半と現代の情勢は全くというほど異なっています。しかしながら、現代が激しい変化のうねりの中にあるということは確かです。そんな時代において、精神分析のような、地道な作業を亀の歩みのごとく積み重ねていく臨床実践は、もう不要だと考えられてもおかしくありません。

しかし筆者は、速さが求められる時代だからこそ、精神分析が必要なのだと考えています。なぜなら、皆が皆〈速さ〉の中で生きられるわけではないからです。時代が求めるスピードに疲弊し、日々の仕事や雑事に追われて、いつの間にか自分を見失っていく……そんな人は大勢いることでしょう。

精神分析が行われる分析室《キャビネ》は、目まぐるしい現代社会から切り離された特殊な空間です。そこでは、日常とは別の仕方で時間が流れます。その中に身を置くことで、性急さに駆り立てられず、少しずつ人生を見直し、ついには自分が納得できるペースでの生き方を探す旅が始まるでしょう。

旅は楽しいことばかりではありません。時にはトラブルに見舞われ、険しい道を通らなければならないこともあります。しかしそれでも、旅の果てに、きっと自分が心底「よかった」と思える場所に辿り着くでしょう——あなたが真にそれを望むならば。

疾風怒濤の時代の精神分析入門を、始めましょう。

# 文庫版まえがき

今回の文庫化に際して、表題を『ゼロから始めるジャック・ラカン』と改めました。「ゼロから始める」とは、もちろん「知識ゼロから読める」という意味ですが、同時に、精神分析にとって「ゼロ」という数字は大きな意義を持っています。

精神分析臨床の場では、それまで自分が身につけてきた自己イメージや常識・既成概念をすべて括弧に入れて、無意識から響いてくる声に耳を傾ける必要があります。自分がそれまで積み上げてきたものをいったん「ゼロ」にして、無意識的なものの出現に基づき人生を再構築することが分析では目指されます。

精神分析臨床の終結は、主体が特異的なものを発明することによって訪れます。特異的なものはそれまで世界に存在していなかったものです。つまりそれは「無《ゼロ》から」創造される何かです。

精神分析にとって最も重要な概念の一つが「無意識の主体」ですが、普段主体が生きている《他者》の世界の中に主体固有の存在はなく、主体は「ゼロ」に等しい存在です。しかし数学がゼロ記号（空集合）に基づいてすべての数字を導出するように、精神分析においては主体という「ゼロの存在」からすべてが生まれるのです。

このように「ゼロから始める」という文言にいろいろな意味を込めて『ゼロから始めるジャック・ラカン』と改題しました。分析はいつもゼロから始めなければなりません。ゼロから生み出される無限の豊かさに賭けるのが精神分析という実践なのです。

＊＊＊

文庫化にあたって、全体的に文章を修正するとともに、いくつかの箇所で議論の補足を行いました。

特に、第五章・第六章は大幅に手が加えられています。第五章は実質的に書き下ろしと言えるほど全面的に改稿しました。オリジナル版とこの文庫版の両方を読んでくださっている方（ありがとうございます）は、第五章（と第六章）を中心に読んでいただければと思います。

# ゼロから始めるジャック・ラカン――疾風怒濤精神分析入門　増補改訂版　目次

## 第Ⅱ部　精神分析とはどのような理論か

イラスト　菅野昭一

# 第Ⅰ部

# 精神分析とは
# どのような営みか

# 第一章　それでも、精神分析が必要な人のために
## ――精神分析は何のためにあるのか

### 精神分析は臨床実践である

あなたが何らかの精神障碍《しょうがい》や、心理的トラブルを抱えているとします。その問題はなかなか解決せず、ある時、あなたは何らかの機関を訪れようと決意します。そんな時、あなたはどこに行くのでしょうか。精神科や心療内科を受診するのでしょうか。あるいは、臨床心理士（公認心理師）のオフィスに訪れるのでしょうか。

普通はこのどちらかの道を取ると思われます。しかし、両者とも異なった第三の道があります。そう、それが本書で取り扱う精神分析です。

精神分析は、百年以上前にジークムント・フロイト（一八五六―一九三九）というオーストリアの医師によって始められました。神経医をしていたフロイトは、一九世紀が終わろうとしている頃、「ヒステリー」と呼ばれる病気の治療のために精神分析という臨床実

践を考案しました。

フロイトというと、一般には治療者というよりは心理学者のように捉えられています。同じく、精神分析とは、人間の精神を説明するための学問であるとか、心理学の分野の一つであると考えられています。その他にも小説や映画などを批評するための理論であるとか、もしかしたら、夢占いの亜種のようなものだと思う人もいるかもしれません。

しかし精神分析はただの理論ではありません。また、精神医療や心理臨床で用いられる療法の一つというわけでもありません。[*1] 精神分析とは一つの独立した臨床実践なのです。したがって精神分析を考える際には、まずその臨床実践としての固有性を明らかにしなければなりません。

## 言葉を用いる臨床実践

臨床実践としての精神分析の大きな特徴は、それが言葉だけを治療手段に用いるということです。精神医療のように投薬治療を行うことはありませんし、電気けいれん療法（ECT）などの非言語的な治療手段を用いることもありません。

＊1　確かに精神医療や心理臨床の現場で精神分析的な治療が行われることはあります。しかしそれらはあくまで精神分析の応用的な使用と考えるべきでしょう。純粋な精神分析は、精神医学とも臨床心理学とも独立した営みです。このことについては「アンコール1」(99頁）を参照してください。

治療において患者は頭に浮かんだことを自由に話します。これを自由連想と言います。自由に、と言いましたが、正確には思い浮かんだことに一切の選択を加えずに話すのが自由連想です（53頁参照）。そして、患者の発言《パロール》に対して治療者が何か応答を行います。これを解釈と言います。「自由連想」と「解釈」という、極めて単純なプロセスだけで、分析の治療は進んでいきます。

言葉だけを用いるという点で、精神分析はいわゆる「カウンセリング」、つまり臨床心理士（公認心理師）が行う心理療法に近いとも言えます。しかしこうしたカウンセリングでは厳密な意味での自由連想が中心的に用いられるとは限りません。それに対して、精神分析の特徴はあくまで自由連想を臨床の主軸に置くことにあります。それ以外の技法に頼ることがあっても、それは自由連想の補助でしかありません。

自由連想はある意味でカウンセリングのもっとも基本的な要素と言えます。そこで行われているのは、来訪者が自由に話すための場を提供し、治療者はもっぱらそれを傾聴するということです。

しかし、それでは問題の改善がなかなか望めないということから、精神医療や心理臨床では（またラカン派以外の精神分析においても）自由連想に代わるさまざまな技法が考案されました。しかし、それでもラカン的精神分析はあくまで自由連想という原則に立脚する臨床にこだわります。

それは別に伝統への固執ではありません。自由連想を基盤としない技法では、表面的に症状が緩和されても、分析治療の真の目標には辿りつけないと考えるからです。この「真の目標」が何かについては、後々お話ししましょう。

## 無意識について

また精神分析の一番の特徴は、人間の中に無意識というものを想定し、そこにこそその人の根源的なものが潜んでいると考えることです。

「無意識とはなにか」についても後に詳しくお伝えしますが、ここでは簡単に、「自分の中で、知らぬ間に自分を突き動かしているもの」程度に思っていただければ充分です。

自分のことは自分が一番よく分かっていると思われがちですが、精神分析の観点では、それは誤った考えです。自分はそう自分のことを分かっていません。自分を真に動かしているのは、自分が知らない力や動機なのです。

精神分析は無意識という特殊なものを相手にする臨床実践です。ですからそれは、無意識がもつ特殊な論理を把握できるように設計されています。それゆえ、精神分析においては時に常識的観点からはおかしいように思える臨床が行われます。それでも、それはただの「風変り《エキセントリック》」な実践に終始するものではなく、しっかりとした論理に基づいています。そのことをくれぐれも念頭に置いていただきたいと思います。

## ラカンは臨床家である

ここで「しかし」という人がいるかもしれません。「確かにフロイトは精神分析を治療として用いていたかもしれないけれど、ラカン理論は治療のためのものというより、哲学的な理論なのでは？」

こうした疑問は頻繁に目にします。本書はラカン的精神分析についての解説を目的としていますから、まずはこうした疑問に答えなければならないでしょう。

ジャック・ラカンは一九〇一年、二〇世紀の始まりと共にパリで生まれました。初めは精神科医として活動していましたが、後に分析家に転向し、国際的に有名になりました。一九八一年に八〇歳でこの世を去るまで、その活動の旺盛さは止むことを知らず、世界各国に彼の影響を受けた「ラカン派」（ラカニアン）が誕生しました。ラカニアンたちは現在も各地で盛んに活動を行っています。

ラカンはよく哲学者だと言われます。しかしこれは間違いです。何をもってある人を「哲学者」と言うかは難しいですが、少なくとも制度上、ラカンは哲学の専門教育を受けた人物ではありません（日本ではなぜか、ラカンが高等師範学校《エコール・ノルマル・シュペリウール》で哲学を学んだという風説がまかり通っていましたが、彼はあくまで医学部の出身です。高等師範学校は、あくまで彼が一時期講座《セミネール》を行っていた場所に過ぎません）。

これに限らず、ラカンが哲学者として語られがちな背景には、日本のラカン受容が大きく影響しています。というのもラカンは主にフランス現代思想の論客として研究されており、臨床家としてのラカンが長らく顧みられていなかったからです。

確かに精神科医などの臨床家もラカンを読んできましたが、患者の病理を理解するためにラカン理論を参照する、といった見方が大半を占め、ラカンはもっぱら理論的にしか研究されませんでした。そうした事情から、日本でラカン的精神分析を実践しようと考える人はほとんど現れませんでした。

しかしラカンの祖国フランスでは、ラカン派の精神分析がきちんと一つの運動として根付いており、ラカン的精神分析を実践している人も大勢います。日本におけるラカン派分析家の数はおそらく両手で数えて余る程度ですが、フランスの場合は比べ物になりません。ラカンは生涯に亘《わた》って臨床を捨てず、亡くなる直前まで精力的に臨床を行っていました。ラカンの精神分析理論もそうした実践の中から生まれてきたものですから、紛れもなく臨床に寄り添った理論だと言えます。

## 精神分析は時代遅れなのか

こうした疑問をクリアしたところで、しかし、まだこんな反論が返って来そうです。曰く、「精神分析は、臨床実践としてはとうに過去の遺物だ。なぜ今になって、こんな欠陥だらけの治療を実践する必要があるのか」。

確かに、臨床の現場で精神分析は嫌われているというか、厄介払いされようとしているのが現状です。「精神分析」という名を聞いただけで苦い顔をするような人も少なくありません。

なぜ精神分析はそこまで人気がなくなってしまったのでしょうか。理由はいくつかありますが、まず挙げられる理由は、「精神分析はコストがかかりすぎる」というものでしょう。ここでいう「コスト」は主に、①時間、②お金、③心理的負担に関するものです。

まず①時間について言えば、ラカン的精神分析では分析の終結までに平均して十年以上はかかります（個人差は相当にありますが）。一般的な心の治療には数カ月から数年で終わるものも少なくないので、それと比較すると時間が膨大にかかると言えるでしょう。

それから②お金です。精神分析には保険が適用されないので、一回の治療でかかる金額はどうしても高額になってしまいます。べらぼうに高いというわけではありませんが、なにしろ治療期間が十年にも及ぶわけですから、合計するとマンションが買えるような値段になっている可能性があります。

最後に③心理的負担ですが、これも確かに大きいと言えます。現代の精神医療では向精神薬を用いた投薬治療が中心となっています。そこで患者に求められるのは処方された薬を指示通りに飲むことですから、治療が大きな心理的負担を課すことはないでしょう。一方で精神科医が行う精神療法（言葉による治療）や、臨床心理士（公認心理師）が行う心理療法（カウンセリング）では、自分から能動的に話をすることが求められるので、ある程度の心理的負担が生じます。しかし医師や心理士はなるべくクライエント（「患者」）の負担にならないように、介入の仕方に細心の注意を払ってくれるでしょう。

なにも、それらの治療とは違って、精神分析では分析家が患者をぞんざいに扱うというわけではありません。しかし精神分析の場合、そもそも先述した自由連想というものがなかなか――というより、相当に大変です。「思い浮かんだことをありのままに喋ればよいだけじゃないか」と思われがちですが、例えば非常に恥ずかしいことや、極めて非道徳的なこと、さらには誰にも話したくない秘密なども話さなければならないので、かなり骨が折れます。一〇分そこその自由連想をしただけでも、かなり疲弊してしまうでしょう。

無意識は自分では気づかないものだ、と言いましたが、より正確に言えば、自分では気づきたくない、知らぬままで済ませたいような何かです。専門用語を用いれば、無意識とは〈抑圧されたもの〉に他なりません。

精神分析とは自ら抑圧した暗部に迫っていくことですから、辛い記憶を思い出してしまったり、自分がこの上なく恥ずかしい人間に思えたり、ひどいことを言って罪悪感を覚えてしまったりすることもあるでしょう。

そしてそうした心の暗部に踏み込んでいくことが分析の目的なのですから、分析家も、単に親切で気の良い人でありつづけるわけではありません。時には、意地悪に思える反応をしたり、こちらの気持ちを無視するような発言をしたりすることも、私の経験上、実際にあります。「病《やまい》に苦しむ人を癒《いや》すのが治療の役目なのに、余計に苦しめるとは何事だ」と思う人がいても不思議ではありません。

## 効率化のイデオロギー

いきなり精神分析の欠点をあげつらうようなことをしてしまいましたが、分析にコストがかかるというのは事実です。精神分析を受ける際には固有の困難が伴うものですし、初めに受ける心の治療として誰にでもお勧めできるかと言えば、必ずしもそうではありません。精神医療が用いる向精神薬のもつ治療効果は（適切に使用されれば）素晴しいものですし、臨床心理学的なアプローチによるカウンセリングの方が肌に合う人も多いでしょう。

あらかじめ述べておけば、精神分析以外の「心の治療」を全否定したり、「それらよりも精神分析の方が優れている！」と主張したりすることが本書の目的ではありません。重要なのは、精神医療や心理臨床だけが「心の治療」のすべてではないこと、そして、精神分析が、これらの治療とは全く別の目的に向かっていることです。

にも拘わらず、精神分析不要論の声は大きくなる一方です。それはいったいなぜでしょうか。精神分析の目的を語る前に、まずはその背景を分析してみましょう。

現代は、何かとコストダウンが礼賛されています。すべては「スピーディ」で「効率的」でなければならないと考えられ、「即戦力」になるものが求められています。時間や費用がかかる提案をしたりすると、「もったいない」「今はそれどころではない」などという反対意見が、瞬く間に寄せられます。

「心の治療」の現場もその影響を受けているように思われます。それゆえ手間暇のかかる精神分析は排斥《オミット》して、効率的に治療や改善が見られる療法を称揚するような動きが見られます。**つまり治療の世界においても、効率化の至上主義が席巻しはじめているわけです。**

確かに、人生を豊かにするうえで面倒な回り道を避けたいと思うのは人情です。しかしコストダウンとリスク回避にばかり専心していたら、終いには人生に何もなくなってしまうのではないでしょうか。

本来「心の治療」とは、身体医学のように身体の一部を相手にするものではなく、精神の全体を対象とするものです。ということは、それは結局、「どう生きていくか」といった、人生の根幹をなす問題に逢着《ほうちゃく》するでしょう。

だから治療はやみくもに効率化に終始していればよいわけではありません。こう言ってよければ、〈倫理〉の問題に踏み込まなければならないのです。

ここでいう〈倫理〉とは、何らかの「決まりごと」を形式的に守ることを意味するわけではありません。「なにを「善い」と考えて生きていくか」という根本的な〈生き方〉の問題を指します（以下、〈倫理〉と〈生き方〉は同じようなものとして捉えてください）。「善いこと」とは患者の人生に関わるものでもあれば、治療論に関わる問題でもあります。つまり治療において効率化ばかりが「善い」とされている現状も、一度疑ってみなければならないのです。

効率ばかり求めていては、人間存在について極めて貧しい考え方しかできません。〈倫理〉や〈生き方〉といった、ともすれば具体的な治療とは関わりのないように見えるところまで視野に入れなければ、本当に効果をもつ治療にはならないのではないでしょうか。

## 表面的な症状がすべてではない

なるほど、〈倫理〉のような「深い」問題とは関係なく、単に不眠症を治してほしいと思って治療の場にやってくる患者だっているでしょう。それが本当に一時的な症状であれば少しの治療で良くなることもあるのですが、しかし世の中上手くいかないもので、治療の最初に「これさえ治れば人生安泰」と考えていたことは、大抵の場合なかなか治らないものです。

なぜならそのように表に出てくる症状はあくまで氷山の一角で、その奥にはえてして人生や人間関係に関するより根本的な問題が潜んでいることが多いからです。表面的な症状の背後に、その人自身気づいていないような無意識的な問題があるのです。そうした根本的な問題が解決されない限り、症状に苦しむ日々は終わりを迎えないでしょう。

自分に何らかの精神障碍があることが分かると、害虫を駆除するかのように、すぐにそれをなくしてしまおうと焦る人が多くいます。しかし、それは根本的な解決にはなりません。向精神薬などを使えば一時的に症状が治まるでしょうが、そうなったところで、今度は別の症状が現れるかもしれません。不眠症が治って万歳と思っていたら、今度は心因性の腹痛（過敏性腸症候群）が襲ってくるようになり、やはり生活が困難になってしまい、そのためまた眠れなくなって……というようなこともありえます。

やはり、自分の人生そのものであるとか、何を「善い」と思って生きていけばよいのかという〈倫理〉の問題にまで踏み込まなくては、抜本的な解決は訪れないのです。

## 治療の〈修理〉化

〈倫理〉の問題を捨てて症状のハエ叩きに終始してしまえば、「心の治療」は単なる異常な精神状態の矯正になります。つまり人間の修理に果てしなく近づいていくのです。

〈修理〉的な治療は表面的な症状しか見ていません。症状を生み出すそもそもの原因となったはずの、根底的な〈生き方〉や〈倫理〉の問題は、ないものとして扱われます。なぜなら〈修理〉的な治療（特に向精神薬の開発など）において問題になるのは、**精神障碍が生まれる器質的なメカニズムだけだからです。**精神障碍は脳や神経の異常状態によって生まれるものだと考えられ、その人がその障碍を持つに至った人生の経緯は問われなくなってしまいます。

例えば抑うつ状態は、器質的に考えれば「脳内の神経伝達物質（セロトニン、ノルアドレナリン、ドーパミンなど）の分泌のバランスが崩壊したことにより生じる疾病」と言えます。しかし実際にその人がなぜうつになったかを考えれば、そこには日々のハードワークや人間関係の諍《いさか》いという事情があるでしょう。だからうつを抜け出すためには、そうした環境を変えることや、ひいては、そうした環境に留まることを「善し」としていた、その人の考え方の是非（＝〈倫理〉）を見直さなければならないはずです。

しかし、〈修理〉的治療の発想を徹底すると、極言すれば、神経伝達物質の分泌バランスを正常化しさえすればＯＫだということになります。それゆえ「陽光を浴びてセロトニンの分泌を増やそう」などという「科学的な」アドバイスも出てくるでしょう。しかしそもそも、そこで言うセロトニンの分泌が減った原因は、嫌な上司と年中顔を合わせる羽目になったからだったりするわけで、それで落ち込んだ気分を太陽に当たることで改善する、というのは、そもそもの解決にはなっていないのではないでしょうか。

つまり、「〈生き方〉を見直すことで精神的負担が緩和され、その結果神経伝達物質の分泌バランスが良くなる」はずなのに、いつの間にか「神経伝達物質の分泌バランスを良くすれば、精神的負担が緩和される」というように、原因と結果の関係が逆転してしまっているわけです。〈修理〉的な治療が行き過ぎると、器質的なメカニズムだけが本質的なものにされてしまいます。そこでの人間の捉え方は、あまりに機械的になります。「醜形恐怖が薄れてコミュニケーションが円滑になった」ことと「遅れがちだった時計の時刻が正確になった」ことが、あたかも同列のことのように扱われてしまうのです。

「考え方は何であれ、治るからよいではないか」と思われるでしょうか。しかし、繰り返すように、表面的な症状の治癒は抜本的な解決とはなりません。

なによりそうした〈修理〉に終始していると、そもそも、「治る」とはどういうことか、分からなくなってしまいます。「症状の治癒がその人に幸福をもたらすのか」「そもそもその人はどういう状態が〈善い〉と考えるのか」といった治療の〈倫理〉の問題が消え失せてしまうのです。

単に厄介な症状が消えさえすれば、それでよいのでしょうか。健康になりさえすれば、幸せになれるのでしょうか――その答えがどうであれ、そうした疑問を持つ余地がなくなってしまうというのは、何やら恐ろしいことではないでしょうか。

## 科学的イデオロギーが唯一ではない

厄介なのは、こうした〈修理〉的な治療が科学の名のもとで正当化されるということです。つまり、脳科学や生物学などの知見を唯一の正しい見解として援用することにより、〈修理〉的治療によって矯正された状態こそが科学的に正しい人間のあり方だ」という主張が導かれてしまうのです。

そして、それに反するような考えはすべて「非科学的な盲信」という言葉のもとで斬り捨てられてしまいます。精神分析にも「非科学的だ」という批判がたくさん寄せられてきました。

しかし、いわゆる科学的正当性を持つものが唯一正しいわけではありません。そもそも科学は一切の思想を抜きにして観察することにのみ徹する営みであるはずです。そこから何らかの思想を抜き出してしまえば、それはもはや科学そのものではなく、科学的イデオロギーと化してしまいます。それは一つのイデオロギーである以上、特権性を持たず、他にあるもろもろのイデオロギーと同列に並べられるものでしかないはずです。

もちろん、イデオロギーというだけで非難されるべきではありません。人間が一切の思想を持たずに生きるということはありえないのであって、現実はつねに何らかのイデオロギーを通してしか認識されないものです。

しかし、仮にそのイデオロギーが正しかろうと、イデオロギーがイデオロギーであることを忘れてしまうのは最も恐ろしい状態です。「自分たちの考え方は正しいのか、正しいとすればなぜなのか」という問題を検討することを忘れて、「こう考えていないということとはつまり間違いだ」という考えなしの形式主義に走ってしまうわけです。あるイデオロギーが権威をもつようになると、大抵そうなります。

だから、科学的イデオロギーのもとで正当化されていても、それを鵜呑《うの》みにせず、その思想が持っているはずの何らかの色眼鏡《バイアス》を見て取る必要があります。この色眼鏡は、あらゆる現実認識の枠組み（イデオロギー）が等しく持っている色眼鏡です。眼鏡に色がついているのは悪いことではないですが――そもそも完全に透明な眼鏡はないのですから――その色が見えなくなっているのは危険なことです。

## 精神障碍の管理社会

そしてこうした科学的イデオロギーの裏に存在するのが、ほかでもなく資本主義のシステムです。こうしたイデオロギーが結局のところ目的としているのは、資本のシステムが円滑に動くために病者を操作し管理することに他なりません。

「少しでも精神障碍があれば、仕事に差し障りが生まれてしまう。だからそんな面倒な人には、早く症状を直させて、早いところ戦力に復帰させよう。

だが治療を受けさせている間は労働力が減ってしまう。それは大変だ。業績が落ちてしまう。だから仕事をしながらでも受けられるような、手軽な治療が必要だ。

それに、治療が行き過ぎると、自分を特別な人間だと思い出す可能性があるぞ。「本当にやりたいことをやる」などと言い出して、仕事を辞められては困る。だから〈倫理〉的な問題には踏み込ませず、表面的な症状が治ったらすぐに仕事に連れ戻そう」台詞《せりふ》調で記してみましたが、別にどこかに黒幕がいて、陰謀を張り巡らせているわけではありません。あくまで社会全体の空気が、こうした思想を生み出しているのでしょう。しかし、いずれにせよ、「精神障碍を抱えていても、特別な人ではありません」とか「手軽に治ることができます」といった見せかけの人道主義に覆われ、こうした酷使体制が温存されているように思えてなりません。

「心の治療」はこのような搾取に加担してよいのでしょうか。なるほど、この体制に与《くみ》すれば治療がもっと普及し、患者数が増えることでしょう。そうなるとお金は儲かります。しかし、そういった考えは〈倫理〉を見失っており、盲目的な利益の追求に終始してしまいます。精神分析が〈倫理〉を考えるならば、資本主義に隷属していてはならないのです。

精神分析に限らず、心の治療は、応々にしてその時の政治的権力や経済体制と手を組んで、抑圧的に働いてしまう傾向を持っています。心の治療を考える際には、それが本質的にもつ危険な傾向をいつも念頭に置く必要があるのです。

## 精神医学・心理学・精神分析

精神分析が効率化のイデオロギーに与せず、根本的な〈倫理〉の問題を扱うものであることがお分かりいただけたでしょうか。

次に私たちは「〈倫理〉の問題を通して、精神分析は何を目的としているのか」という問題に踏み込まなければなりません。しかし、それを語るためには、まず精神分析が置かれている独特のポジションを理解していただく必要があります。

そこで、ここからは精神分析と周辺領域の違いを明確化しておきたいと思います。ここでの周辺領域とは、精神医学と（臨床）心理学です。というのも、これらの治療ないし学問は、往々にして精神分析と混同されがちだからです。しかし実際には、その成り立ちから目的に至るまで、三者は大きく異なっています。

以下、精神医学、心理学、精神分析の順にその成り立ちと目的を解説していきましょう。ただし前二者に関しては、かなり簡略化、図式化していることをご寛恕《かんじょ》くださいなお用語について言えば、本書では基本的に「精神医学」の実践を「精神医療」、「臨床心理学」の実践を「心理臨床」と呼んでいます。また二つをまとめて「精神医学（精神医療）」「臨床心理学（心理臨床）」と表記する場合もあります。あまり正確な用語ではありませんが、便宜上のものということで、お許しください。

## 精神医学（精神医療）の目的

精神医学は、名前の通り医学の一種です。総合病院では、外科や内科、泌尿器科などに並んで精神科や心療内科が設けられています。精神科医も医師の一人なので、精神科医になるためには、医学部に入って外科や内科も含めた医学の勉強を一通り修了し、医師免許を取得することが必要になります。

精神医学が医学の一種である以上、その臨床実践の目的は「病気を治すこと」だと言えます。つまり医学的に「心の病気」（精神疾患や精神障碍と呼ばれます）として規定された異常状態を解消して、患者の健康な精神状態を回復させることが目指されます。この健康状態の指標として、多くの場合、患者の社会復帰がパラメータになっています。

医学の中でも精神医学は遅く生まれた分野であり、現在の形での精神医学が確立されたのは一九世紀前半と言えます。もちろん、社会の中で「おかしな人」や「狂人」として扱われていた人々はそれ以前の時代にも存在していましたし、そうした人々に対するアプローチは古代ギリシャの時代から存在していました。

しかし中世においてそれらの人々は「社会のはみ出しもの」として一括りにされ、浮浪者や貧乏人と一緒に収容所などに閉じ込められ、社会から隔離されていました。そうした雑多な「社会不適合者」の中から「精神を病む人々」が抽出され、一つの〈病気〉のカテゴリーとして医学的な治療・診断の対象とされるようになったことが、医学としての精神医療の始まりでした。

ここには明らかに啓蒙主義の影響があります。「「精神を病む人々」を狂人として非人間的に扱うのではなく、一人の人間として扱い、人間の本性たる理性を充分に発揮できるように導こう」というわけです。いささか語弊はありますが、伝統的な精神医療が目的とするのは、狂気という蒙を啓《ひら》くことだと言えましょう。

「精神を病む人々」が一つの医学的カテゴリーとして規定されると、その特徴を抽出し分類するためにさまざまな病名が生み出され、またさまざまな治療的アプローチが試みられるようになりました。

精神医学による治療のアプローチは多岐に亘《わた》り、患者の隔離・保護を目的とする精神病院への入院や、言葉を主として用いる精神療法《モラル》に加えて、かつては、ショック療法（高所から水をかけたり、回転椅子に座らせて高速回転させたりする）、瀉血《しやけつ》（患者の血を抜く）、ロボトミー手術（前頭葉を切断する）、温泉療法（温泉にひたすら浸からせておく）など、さまざまな――時に荒唐無稽とも言える――治療手段が用いられていました。しかし一九五〇年代における向精神薬の飛躍的発展を経て、現在は投薬治療が中心となっています。

だから精神科（心療内科）に行くと、どんな症状があるか尋ねられ、その後は「この薬を出したいのだが、どうだろう」というようなことを訊かれるだけで診療が終わることも珍しくありません。診療の目的が、単にどういった薬を処方するかの決定だけになっているような精神科医もいるわけです。

といっても、これは極端なケースで、自分の悩みや、「人生がこれだけ辛いんだ」という話をきちんと聞いてくれる（＝ちゃんと精神療法を行ってくれる）人も少なからずいます。しかし問題は、患者の訴えの傾聴をおざなりにしていたとしても、表面上は治療が成立してしまうということです。ある程度規模の大きなクリニックであったりすると、患者の「話を聞く」ことの大部分が別の臨床家に委ねられているケースも見られます。この別の臨床家というのが臨床心理士（公認心理師）です。

## 臨床心理学の目的

臨床心理士および公認心理師とはどのような人たちでしょうか。その前提として、そもそも心理学とは何かについて説明しておきましょう。

心理学は必ずしも臨床実践を伴うわけではありません。心理学というのは、人間の心のメカニズムを知るための学問全般を指します。心理学それ自体は病院やクリニックで行われる臨床実践ではなく、大学で行われる学問と言えます。

ひとえに心理学と言っても、教育心理学、社会心理学、発達心理学など、さまざまな分野があります。その中で、臨床心理学とは、心理的なトラブルを扱い、臨床実践を行う分野を指します。臨床実践とそのための理論によって臨床心理学は構成されています。この臨床心理学だけはいくぶん他の分野と異なっていて、心理学科が大抵文学部に設置されているのに対し、臨床心理学のコースは教育学部内に置かれているケースが多くみられます。

この「教育学部」というポイントが重要です。臨床心理学は必ずしも医学的なものではありません。したがって臨床心理学の実践が目的とするのは、医学的な治療とはまた別のものです。

実際、臨床心理学では「患者」を「治療する」とは言いません。カウンセリングを受ける人は「患者」ではなく「クライエント」（来談者、依頼者）と呼ばれますし、「治療」よりむしろ「援助」という言い方がなされます。臨床心理学が目的とするのは、〈患者〉の〈治療〉ではなく、〈クライエント〉の〈援助〉なのです。

臨床心理学において、カウンセラーはクライエントが心理的問題を解決することを援助する役割を持っています。クライエントは、精神医学における「〈治療〉を必要とする病者」とは限りません。明確な症状を呈《てい》していない人でも、何らかの心理的なトラブルを抱えていれば、心理臨床の対象となります。

臨床心理学で求められているのは、あくまで心理的問題の解決を通じて、クライエントが健全な心理状態を取り戻すことです。それは〈治療〉（＝医学的に規定された病気を取り除くこと）とはまた異なったものです。

## 精神科医と臨床心理士

臨床心理士の資格は、[*2]精神科医とは異なります。精神科医の免許が医師免許であり、国、家、いい資格なのに対して、臨床心理士の場合は「日本臨床心理士資格認定協会」という民間団体が与える資格です。あくまで民間資格なのです。

具体的には、協会が指定する大学院に入学し、二年間の修士課程（場合によってはプラス一年の実務経験）を修了すると、資格審査に臨むことができます。精神科医が医師免許を取得するためには六年かかりますが、臨床心理士の場合は大学の学部が問われないので、最短、大学院修士課程の二年間＋受験年度だけで取得可能です。

業務形態について言えば、臨床心理士には個人オフィスを開業してクライエントを受け入れる人もいます。精神科医と違って向精神薬を処方する権限はなく、臨床は面接による言葉でのやりとりが中心です。一般的にイメージされる「カウンセリング」は臨床心理士の仕事であると言ってもよいでしょう。

個人オフィスでの臨床の他に、臨床心理士は精神科医としばしば共同作業を行います。個人開業をしている臨床心理士よりも、精神科に勤めている人のほうが多数派でしょう。医師による診断と投薬の前に臨床心理士が話を聞く、あるいは医師との面接の後にもっと話したい人は臨床心理士のところに行ってもらう……という形で、医学的治療と臨床心理学的カウンセリングの分業体制がとられている精神科も多々あります（36頁）。

## 精神分析には「健康」の概念がない

さて、ここまで精神医学（精神療法）と臨床心理学（心理臨床）の特徴について語ってきましたが、私たちにとって重要なのは、「それでは、これらの臨床実践に対して、精神分析とは何なのか」ということです。ここでいよいよ精神分析の目的について語るべき時が来ました。

まず「精神分析はここまで語ってきた精神医学と臨床心理学のどちらでもないものだ」という消去法的な定義を踏まえてください。資格としても、分析家の資格は両者と異なっています（では、具体的にどのような資格制度なのかは、99頁の「アンコール1」で紹介します）。また、繰り返しになりますが、目的の面でも、精神分析が目指すものは精神医学とも臨床心理学とも異なります。つまり精神分析が目指すのは、精神障碍に陥った患者の〈治療〉でも、心理的問題の解決の〈援助〉でもありません。もちろん、分析の過程でこうい

＊2　この記述は、本書のオリジナル版を執筆中だった当時のお話で、二〇一七年から臨床心理士に加えて「公認心理師」の資格の認定がスタートしました。どちらも職務としては同じようなものですが、臨床心理士が民間資格であったのに対し、公認心理師は国家資格で、学部と大学院で特定の科目を修了することが指定されています。公認心理師の資格制度が生まれたことで臨床心理士の制度がなくなったわけではなく、現在でも新たに臨床心理士の資格を取得する人もいます。

ちなみに似た名前で「認定心理士」という資格もありますが、これは大学（院）で心理学を修めたという証明のようなもので、特に職能はありません。

った効果がもたらされることはありますが、それはあくまで副次的な効果であって、最終的な目的ではありません。

ここまでは便宜上「精神分析の治療」という言い方をしてきましたが、心理臨床と同じく、精神分析の目的も医学的な〈治療〉とは異なっています。精神分析でも、通例に従って「治療」という言葉が用いられることもありますが、「治療」という言葉の医学的なイメージを避けるために、あえて「臨床」という言葉を用いる人もいます。

「治療」という言葉が用いられるからには、何らかの症状を呈している状態が「病気」であり、病気を抱えていない、普通の人と同じ正常な精神的状態が「健康」であるという考えがあるはずです（34頁）。「虫垂炎《ちゅうすいえん》になった人が手術を受けて健康になるように、精神的な病気を持った人が精神科医の治療によって健康になる」というのが医学的な考え方の形式です。こうした考えに従うと、症状とは盲腸のような悪いもので、なるべく早く取り除くべきだとされます。

しかし精神分析は症状を「異常」や「病気」とは考えず、したがって「健康《メンタルヘルス》」という考え方もありません。ラカン的精神分析では疾病分類として神経症、精神病、倒錯（＋自閉症）という三つないし四つのカテゴリーを設けていますが、すべての人は神経症者、精神病者、倒錯者（＋自閉症者）のどれかに分類されます。「健常者」というカテゴリーは存在しません（これについては297頁の「アンコール４」も参照してください）。

つまり、神経症とか精神病といった名前には「症」や「病」という言葉が含まれていますが、精神分析的な考え方においては、それらは実際には病気ではないということになります。なにしろ、健康というものが存在しないのですから。

**これらの疾病分類は治療のための分類というよりも、人間の〈生き方〉の構造と捉えるべきです。**もちろん生き方は人それぞれですが、その一般的な構造を抽出して分類してみると、この四種類に分けられるというわけです。

いささか古典的な考えでは、いわゆる健常な人というのは（軽度の）神経症者に分類されます。精神病者は神経症者と生き方が根本的に異なります。そのため、神経症者が多くを占める社会では、それだけ他の人との間の軋轢が大きくなり、「おかしな人」として扱われる確率が高くなってしまいます。

「何を言っているんだ。自分には精神障碍などない。いたって健康である」とお思いでしょうか。しかし何らかの生きづらさがあったり、自分の中に狂気的、変態的な何かを抱えたりしていない人がいるでしょうか。もし、全く健康だと言い切れる人がいたら、それはそれで、むしろ病的だとは言えないでしょうか。

確かに、程度の問題はあります。多少の悩みや苦しみがあっても、一人で生きていける人がいれば、何らかの治療を必要とする人もいます。しかし、それは程度の問題に過ぎません。どんな人であれ、いくばくかの狂気を持っています。**人間の生き方としては、健康**

よりも狂気が本源的です。むしろ健康の方が作られた状態なのです。

## 「健康」から「納得」へ

「人はみんな「狂人」である」というこの考え方は、厭世的《ペシミスティック》でしょうか。あるいは虚無的《ニヒリスティック》でしょうか。もしかしたらそうかもしれません。

しかし見方によっては、これはとてもフェアで開かれた考えです。皆が根源的になんらかの意味で「狂って」いるのならば、「なぜ自分だけがこうもおかしいんだろう、なぜ自分は他の人と同じようにできないんだろう」と、「健常者」に対して引け目や嫉妬を感じる必要もなくなります。それは人生を生きやすくしてくれる考え方ではないでしょうか。

もちろん、症状には固有の苦しみがありますし、症状に苦しんでいる現状を「それこそがあなたらしい生き方だ」と言って全肯定するようなことはできません。しかしそのような苦しみは、その人が自らの人生において何か不満足な、納得できないものを抱えているからこそ生まれるもので、決して「不健康」だから生じるのではありません。

自分なりの〈生き方〉を見つけられていない、あるいは本当に望んでいない〈生き方〉を選んでしまっているという負債（負い目）から、苦しみはやってきます。だから重要なのは、症状をなくして健康になることではなく、その人が自分自身で納得できる〈生き方〉へと踏み出していけるようになることなのです。

そう、それこそが精神分析の目的だと言えます。

## 〈理想〉に苦しめられないこと

大体からして「健康」の定義などというものは曖昧で、時代につれて変わるものです。完全に健康な人はいませんし、ある面では健康であっても他の面では不健康そのものだとか、その時代には普通だったかもしれないけれど今から見たら狂気的にしか見えない、という例も珍しくありません。ということは、「健康」はつねに到達できない〈理想〉として、私たちに負い目を与えつづけるのではないでしょうか。

ある意味で、精神分析は〈理想〉に苦しめられなくなるための営みであるとも言えます。〈理想〉は人生の目的として重要かもしれませんが、それはつねに「いまだ手に入っていないもの」、高嶺《たかね》に咲く花です。手に入ったら、もはや理想ではなくただの現状になってしまうからです。

だからこそ私たちはつねに〈理想〉に手が届かず、苦しみます。理想的な自分は遥か彼方にあり、今の自分は卑小で恥ずかしい人間だと悩みます。精神的な苦しみも、そこからやってくるわけです。

ですから精神分析の実践とは、何らかの理想を押し付けるものであってはなりません。「こうあるべき人間像」に患者を同一化させるようなことは、精神分析のすることではないのです。

確かに「明るく健全な人」とか「他者に寛容な人」とか「不快な感情に耐えられる人」は文句なく健康で理想的に見えます。しかしそれでも、精神分析は理想的な人間の形成を目指すものであってはならないのです。なぜなら、たとえ患者が理想的な人格を手にできたとしても、ひとたびそれを失ってしまえば、また苦しみに逆戻りしてしまうからです。念のために述べておきますが、だからと言って、全く反理想的な人間を作ろうというのではありません。第一、それはそれで、反理想を〈理想〉にしていることになってしまいます。そこでは単に「理想」と「反理想」とが反転しているだけで、全体の構図は変わっていないのです。

## 精神分析の主体は患者である

精神分析の臨床とは病気の人を健康にしたり、歪んだ人格を矯正したりすることではありません。詳しくは第二章で述べますが、精神分析とは、分析家が能動的に患者を治療・矯正するものではありません。能動的なのはむしろ患者の方であり、患者自身が、自分自身や自分の人生を捉えなおすことで、悩みや生きづらさに主体的に向き合っていくことが精神分析の主軸になります。分析家の役割は、こうした患者自身の心の探求に付き添い、時に何らかの補助や援助をもたらすことなのです。

「援助」という言葉を使ったので、精神分析と臨床心理学の違いが分かりにくく感じた方もいるかもしれません。確かに臨床心理学も言葉を用いた臨床を行いますし、そして医学的な〈治療〉という考え方からも、ある程度の距離を取っています。その点においては、両者には近いところがあるかもしれません。しかし臨床心理学の目的は、やはりクライエントが心理的トラブルを解消して何らかの意味で健常になることの援助であると言えるでしょう。そうである以上、その目的は精神分析とは根本的に異なっています。

「患者が自分で自分の悩みに向き合うのなら、なにも分析の場に来る必要はなく、家に籠って一人で考えていればよいのではないか」と疑問に思う人もいるでしょう。しかしここで重要なのが、**精神分析は無意識を扱う**ということです。無意識というのは、その人が「考えるまい」と抑圧しているもの（23頁）ですから、一人で考え込んでも、無意識はつねに隠れつづけます。どれだけ内省しても、結局、無意識の抑圧を解除することはできません。

前頁で、精神分析の目的は「自分の心や人生を捉えなおす」ことだと書きました。それはつまり、普段一人で行っている反省や内省を繰り返すのではなく、新たな視点で自分自身に向き合う、ということです。そのためには、それまで自分が向き合ってこなかった無意識に目を向けることを可能にしてくれる他者が必要です。それが分析家の役目なのです。

## ポジティヴな〈開き直り〉に向けて

さて、これまでいろいろな議論を重ねてきましたが、結局、精神分析を受けると、どんな良いことがあるのでしょうか。

これは本書の結論に関わる問いですが、初めに一つだけ言っておけば、精神分析を通して、精神的な問題を自ら解決することができ、少しは悩みや苦しみから抜け出せるであろうことは確かです。

それは分析によってその人が「健康」になったからではありません。そうではなく、自分自身の〈生き方〉を見つけられたことによる効果として、苦しい悩みが消え去るのです（繰り返すように、心理的トラブルの除去そのものが分析の目的ではありません）。この〈生き方〉は誰に強制されたものでもなく、自分自身が「これでよい」（＝「これこそが「善い」ことだ」）と納得できたから見出せたものなので、それだけ満足できます。

これは「自己実現」というような輝かしいものよりも、一種の開き直り、つまり「自分はこんな人間だから仕方ない」というような居直りだと考えた方が良いでしょう。

またしてもネガティヴに見えますが、そうではありません。それは実のところ、根源的な自己肯定を意味します。「〇〇ができない自分に価値なんてない」「〇〇に愛されなくなったら人生が終わりだ」という考え方は苦しいもので、「条件つきの自分」しか肯定できません。失敗が続いたり愛を失ったりすると、自分がとても価値のない存在にしか見えなくなってしまいます。

しかし居直ってしまえば、自分がどんな人間であっても肯定できます。それは「自分は自分の望む生き方をしている」という自信から来るものでしょう。ある種の〈後ろめたさ〉がなくなるのです。

この〈後ろめたさ〉というのは誰に対するものでもなく、自分の欲望に対する〈後ろめたさ〉です。「自分にはもっと別のやりたいことがある、でもできていない……」という負い目の感情です。それがなくなれば、根源的に救われます。神様や「〇〇様」に救われるのでもなく、自分を自分で救うことができるのです。

しかしこれほど「言うは易く行うは難し」という言葉が似合うものもありません。自分を根源的に肯定するためには、普段自分が見ようとはしない否定的なもの（恥ずかしいもの、情けないもの、弱いもの、許せないもの……）に、とことん向き合うことが必要になります。

そしてそれができるのは、無意識の問題を徹底的に追究する精神分析を措《お》いて他にはないのです。

## なぜフロイトに帰らなければならないのか

さて、ここまでは精神分析と他の「心の治療」の違いを強調してきましたが、だからといって、精神分析がこれらと全く相容れないわけではありません。特に日本では精神分析があまり普及していないこともあり、精神科医や臨床心理士（公認心理師）をしながら、精神分析の知見を取り入れた臨床を行っている人もいます。精神医学や臨床心理学の実践家にとっても、精神分析の考え方には参考になるものがあるのではないかと思います。

しかし、それでも筆者が精神分析の固有性を強調することには理由があります。なぜなら、それこそラカンが目指したものに他ならないからです。ラカンは、当時の精神分析では経験を超えた原理的な問題が問いなおされなくなり、既存の精神医学や心理学と変わらなくなっている、と厳しく批判していました。

実際、第二次世界大戦後のアメリカ合衆国では、精神分析が精神医学の基礎理論として大々的に取り入れられました（初期の精神分析家はフロイトを含めてユダヤ人が大半だったので、ナチスの迫害を逃れてアメリカに渡った人も多かったのです）。結果として精神分析は合衆国の中で大いに普及しますが、しかし、いつの間にか医学が精神分析を飲み込んでしまい、精神分析家の資格に精神科医であることが条件となってしまいました。つまり、精神分析の地位の独自性が脅かされようとしていたのです（アメリカ的な精神分析（自我心理学）のもつ問題点については第二章の73頁以下で語ります）。

しかしラカンにとって、こうした状況は、フロイトの精神《スピリット》を殺すことに他なりませんでした。当時は精神分析の発展によってあたかもフロイトが乗り越えられたかのように考えられていました。フロイトを読むよりも、フロイト以後の分析家たちが構築した「より発展的な」精神分析理論を勉強すればよいと考えられていたのです。しかしラカンはそうした状況に異議を申し立て、フロイトのテクストに立ち戻り、後継者たちが目を向けなかったさまざまなテーマを問いなおそうとしました。

「フロイトへ帰れ」というスローガンは、本書の読者であれば聞いたことがある方も多いでしょう。このスローガンは、「精神分析が精神医学や心理学に取り込まれようとしている現状に反し、フロイトが精神分析に込めた固有の精神《スピリット》を取り戻そう」という主張とも捉えられます。

ですから、ラカニアンとしては、精神分析の固有性をあくまで主張しつづけなければならないのです。その結果、単なる派閥争いのようなものに陥ってしまえば不毛でしょう。しかし、もはや精神分析が精神医学の基礎になっているわけでもない今日、「精神分析は精神医療とも心理臨床とも異なる「第三の臨床」である」ということを強調したほうが、「心の治療」全体にとっても意義のあることだと思います。心の悩みとの向き合い方は人それぞれなのだから、その人に合ういろいろな臨床があってよいでしょう。

## まとめ――効率化とは別の仕方で生きること

精神分析は精神医学とも臨床心理学とも異なった独自の臨床実践です。それは心の異常の改善ではなく、それぞれの患者が納得のできる生き方を見つけることを目指します。効率至上主義の現代において精神分析は力を失っていますが、それは効率とは全く別のものを目指す営みです。時代に別のもの《オルタナティヴ》を差し出す営みとして、精神分析には依然価値があるはずです。

――以上が本章の議論のまとめです。

次章では、精神分析固有の問題について、より踏み込んで考えてみたいと思います。テーマは「自我と主体」、そして「一般性と特異性」です。それらを通じて、精神分析の臨床のあり方を、より具体的に理解していただくのが目的です。

私たちの旅はまだ始まったばかりです。先は長いですが、倦《う》まずに進みましょう。

# 第二章　自分を救えるのは自分しかいない——精神分析が目指すもの

## 意味のあるものは解釈ではない

「精神分析を研究しています」と初対面の人に告げると、「じゃあ私の精神を分析してみてください」と言われることが多々あります。

しかし、こう言われるたびにちょっと困ってしまいます。というのも他人の精神を分析することはできないからです。

それは別に、筆者が精神分析家でないからではありません。本質的に不可能なことなのです。「精神分析の理論や技法を知れば、自分や他人の精神を分析できる」という誤解は広く人口に膾炙《かいしゃ》しています。「他人の心を支配・管理したい」という興味のもとで精神分析に関心を示す人も少なからずいます。

皆が皆そういう人ではないにせよ、「精神分析とは理論と技法に通暁した専門家《エキスパート》に頼んで、自分の無意識の真理を教えてもらうものである」と素朴に思う人は多いでしょう。「あなたは父親から子供を授かりたいと無意識のうちに思っていましたが、それが叶わなかったので、その代償のために猫の多頭飼いを始めたのです」というような「精神分析的な」解釈を分析家から聞くことが分析治療だと一般には思われています（この解釈は適当に書きましたが）。

しかし、こうした俗説は間違いだと言い切れます。初めに明言しておきましょう。

**意味のあるようなものは解釈ではありません。**

普通、精神分析的な解釈は「患者の発言《パロール》に精神分析的な意味を与えるもの」と思われています。先ほど挙げた例がまさにそういったものです。「自分が何気なく言ったことを、精神分析の理論に基づいて解釈することで、その真の意味が分かる」という考え方です。

しかしラカンに従えば、そうしたものは厳密な意味での解釈とは呼べません。精神分析の解釈とは、むしろ意味を切るようなもの、無意味なものを明らかにするようなものです。**患者は分析家によって自分の思考や行為の無意識的な意味を知るのではありません。**そうではなく、むしろ意味があると思っていたことが実は無意味なものでしかなかったことを自覚するのです。

## 分析室《キャビネ》の風景①——自由連想とは何か

いきなり結論を述べてしまったので、狐につままれたような気持ちの方もいるかと思います。単に支離滅裂なことを言っているのではないと理解してもらうために、実際の精神分析がどのように行われるか、その風景をスケッチしてみましょう。

まず患者であるあなたは、予約の時間に分析家のオフィスに赴きます。そして椅子に座ったり、寝椅子に横になったりします。そして自由連想が始まります。

第一章で述べた通り（23頁）、自由連想というのは「思い浮かんだことをすべて口に出す」という作業です。重要なことを言おうとする必要はありません。ふとした思い付きでも、意味不明なでたらめでも大丈夫です。あるいは恥ずかしいこと、良識にもとること、分析家に失礼なことを口に出しても、何ら問題はありません。分析の場ではどんなことでも言ってよいのです。極端に言えば、嘘を言っても構いません。

**唯一やってはならないのは、言うことを選ぶことです。**頭に浮かんだことに対して意識的な批判を向け、何かを言わないでおくというのは自由連想の規則に反します。車窓に映る風景を何もかも伝える子供のように、頭に浮かんだことをすべてそのまま口に出す、というのが精神分析の根本的な規則です。

……と、口で言うほど簡単ではありません。特に恥ずかしいことや分析家に失礼なことは、なかなか言えないものです。

それでも腹を括《くく》って丸裸になることが肝要です。言いたくないことを言うのが自由連想ですから、気分の良くない瞬間が訪れることもあります。

## 分析室の風景②——解釈とは何か

それでも、安くないお金を払っていることですし、患者は頑張って喋ろうとしつづけます。しかしながら、分析家は基本的に何も言ってはくれないでしょう。「先生はどう思うんですか」などと問いかけても大抵返事はありません。分析家は延々と沈黙を守りつづけます。

ごくたまに口を開いたかと思ったら、「へえ」や「ほう」などと頷くだけです。そうかと思えば、思い付きで述べたつまらない冗談や、本筋と関係ない些事に、妙な興味を示したりします。

そうやって話していると、突然「そこまでにしましょう」などと言われて終わりです。「決して安くない料金を払っているのに、この冷遇ぶりはなんだ。こっちは「あなたはトイレに行くことで、死んだ弟との思い出を水に流そうとしたのです」みたいなことを聞きたくて来ているのに。自分がいったい何を望んでいるのか、自分はいったい何なのか教えてもらいたくて、わざわざ足を運んでいるのに、得られたのは数度の頷きだけ。詐欺じゃないか」と憤る人もいるかもしれません。実際、これをお読みの方も、このプロセスのどこが「治療」なのか、訝《いぶか》しく思うでしょう。

しかし、これは何かの間違いではないのです。分析の時間の大半が患者の自由連想で終わって、分析家は何も言わないままでも、そのセッションは精神分析のセッションとして成立しているのです。それはなぜでしょうか。

## 分析をするのは誰なのか

ここまでは便宜的に「患者」と記してきましたが、分析を「受ける」人のことを、ラカン的精神分析では「分析主体」(analysant.e) と呼びます(フランス語の文法規則として、男性が analysant、女性が analysante と表記されます)。この語はフランス語で「分析すること」を意味する動詞〈analyser〉の現在分詞を名詞化したものです。現在分詞とは能動的な意味を持つ形容詞ですから、〈analysant.e〉を直訳すると、「分析をする人」ないし「分析者」となります。

これは少し不思議ではないでしょうか。「誰が精神分析するのか」と問われれば、普通「分析家」と答えるのが自然であるように思われます。患者は分析を「受け」、分析家が分析を「行う」。これが一般的な精神分析のイメージです。

しかしラカン的精神分析では、患者の方を「分析主体」と考えます。つまり、誰が精神分析をするのかと言えば、患者自身なのです。精神分析はあくまで患者自身による自己分析を主軸として展開されます。

では分析家は何をするかというと、患者の自己分析に付き合い、時に連想の方向転換をしたり、「こういう内容を考えてみたらどうか」と暗に促したりします。それは広い意味での「方向づけ《ディレクション》」と言えるでしょう。つまり分析主体の自由連想が向かうべき方向を示唆したり誘導したりするのです。

このように、分析家の役割はあくまで補助的なものです。分析家は決して患者を支配《コントロール》したり、何らかの教えを説いたりはしません。分析家は「教師」ではありません。精神分析道場の「師範代」でもありません。分析家はおよそ「師」と名前の付くものからもっとも遠い存在です（ちなみに、この「師」をフランス語で言うと〈maître〉になります。英語では"master"です）。

そう、だからこそ、分析家は「意味を持った解釈」を患者に与えないのです。**もし患者の話に意味づけしてしまえば、患者を支配することになってしまいます。**なぜなら、それは患者に自分の言っていることを理解するための「正しい道」を教えることだからです。これはまさに教師の立場と言えるでしょう。

分析家が師《マスター》になってしまうと、分析の主役は患者ではなく分析家になってしまいます。患者の言うことは単なる素材に過ぎず、分析がうまくいくかどうかは、そこから分析家がいかに素晴らしい解釈を作り上げられるかに委ねられる、というわけです。

しかし断言しますが、そんなものは分析家の独り相撲に過ぎません。最終的には患者の固有の体験や現実が度外視されてしまい、患者に対する分析家の自己満足的な支配欲を満たすことにしか帰結しないでしょう。[*1]

## 他人を理解することはできない

大体からして他人の心の中なぞ分かるわけがないのです。「他人の心を理解するために心理学や精神分析があるのではないか」と思われるかもしれませんが、それは大きな間違

＊1　厄介なのは、このように患者に対して支配的になっている治療者が横暴だったり自己中心的だったりするかというと、そんなことはなく、むしろモチベーションの高い「いい人」であることが多い、ということです。臨床に限ったことではなく、「相手のために、この人がもっと幸せになれるように」と考えて、自分の身を捧げるほど、結果としてそれが支配につながるのです。

皮肉なもので、「良い治療者になろう、自分の努力によって何とかこの人を治そう」と思うほどに臨床がうまくいかなくなると言います。そう思っていると、「これがあなたの真理なんだ、こうすればあなたはもっと良く生きられるんだ」という、〈あくまで自分がそう思っているに過ぎない考え〉を〈客観的な事実〉であるかのように思い込み、それを患者に押し付けてしまいかねません（こういう時には治療者の知っている学説や経験が却って妨げになります。自分の考えに過ぎないことに気付けないからです）。

逆説的ですが、「自分が何とかしよう」と思うのではなく、ある意味で無責任に、「治療過程が進むうちに、この人の中で新しい〈何か〉が生まれてくるだろうから、それに期待しよう」と身を任せている方が、結果として臨床はうまく行くのです。「身を任せる」ということは重要です。それは意識的な「努力」を捨てて、自分自身の無意識に自分を委ねるということだからです（後述62頁）。

いです。

もちろん、日々の生活の中では他人の心が分かったという気になることもあります。しかしそれは大抵の場合、①一般論を当てはめているだけか、②自分の心理と他人の心理を混同しているだけのどちらかです。

他人を理解したり共感したりする場合は、きまって「まるで自分のことのように思える」ものです。しかし翻って考えれば、それは私たちが「他人が自分と共通して持っている部分」しか理解できないということを意味しています。②のタイプの理解はまさにそういったものですし、①のタイプにおいても同じです。「人間の心理はみな○○である」という一般論で語られる心理の構造は、人が普遍的に持っている（と思われている）ものですから、つまり自分と相手に共通する部分ということになります。

しかし私たちは本来、各々が特異な存在であるはずです――少なくとも精神分析はそう考えています。理解や共感は、人が広く持っている〈一般的なもの〉しか相手にすることができません。しかし私たちはみな決して他者とは共有できない部分を持っているはずです。それは特異性と呼ばれます。特異的なものは他人が理解したり共感したりできないものであり、一般論で語ることができません。

精神分析はそうした特異性こそが各人の本質的なものを形成していると考えます。だから、いたずらに他人を理解したり共感したりすると、他人が持っている特異性を殺すことになってしまいます。理解や共感は、結局他者の他者性（これは「異質性」と考えてもよいでしょう）を排斥することにしかなりません。

## 患者を理解してはいけない

したがって分析家が精神分析理論に基づいて患者を理解したり共感したりしようとしても、①一般論の当てはめに終始するか、②分析家自身の自己分析になってしまうか、のどちらかに帰結してしまいます。それゆえ、患者を理解しようとすることは、精神分析の治療にとって良い結果をもたらさないのです。

「患者を理解しないように用心せよ」――この言葉は、ラカンが後進の分析家たちに口を酸っぱくして説いた箴言《しんげん》です。**精神分析が目指すものは、患者の理解ではありません。**むしろ、分析家が臨床の中で「この患者のことを理解できた」と感じた瞬間には、最大限の注意を払わなければなりません。この理解によって治療が好転するどころか、却って悪い方向に転がることが多いからです。「理解」（のように見えるもの）には大きな罠が潜んでいるのです。

「理解に用心せよ」という言葉は、分析家に対して分析の根本的な心構えを示すものであると同時に、分析治療の中での患者への介入の仕方を規定するものでもあります。

よくあるカウンセリングのマニュアル本には、「患者への共感を示すことが重要である」というようなことが書いてあります。しかし、ラカン的精神分析の観点から言えば、患者に共感したり共感を表明したりすることには、大きな危険が潜んでいます。それは、患者の他者性や特異性を殺してしまうことにつながるからです。「人は皆そういうものですよ」とか「あなたの気持ち、まるで自分のことのように分かります」などといった、一見して優しい言葉の中に秘められた一種の暴力に、分析家は敏感でなければならないのです。この暴力は、特異性を亡きものにする暴力です。

精神分析が目指すもの、それは患者の特異性に他なりません。特異性は分析家にとって重要であるだけではなく、患者にとっても最重要の事柄です。分析を続けていくと「本当の自分」が見えてくるように思えるのは、自らの隠れた特異性にわずかでも触れることができるからだと考えられます。特異性を抉《えぐ》らずに得られた自己理解など、結局は表面的なものでしかないでしょう。

## それでは理論は何のためにあるのか①

確かに、分析家は精神分析の理論や症例などに関する知識を多かれ少なかれもっています。しかしその人が学んだ理論がどれほど精巧なものであっても、それは一般的な枠組みを与えるものでしかありません。分析理論はすべて一般論でしかないのです。

だから往々にして治療者には「臨床の場においては、それまで学んだ理論をすべて忘れなさい」というアドバイスがなされます。なぜなら理論的な知識は――場合によってはそれまでの臨床経験も含めて――結局のところ既存のものであり、それらに頼っていると、目の前の患者の中で生まれようとしている新しいものを捉えそこねてしまうからです。だから患者一人ひとりに合わせて、自分の中の固定観念をその都度リセットすることが重要なのです。

しかし、そうであれば、「じゃあ精神分析のあの複雑な理論は何のためにあるのか」という疑問が自然に湧いてくるでしょう。特異性が重要だ、あくまで一般論でしかない理論に頼るのは駄目だ、とここまで書いてきていますが、そうであればいちいち理論など作る必要がないように見えます。ひいてはこの本の存在意義もなくなります。

もちろん理論は重要で、精神分析にとって無くてはならないものです。問題は、精神分析全体にとって不可欠なはずの理論が個々の臨床の場ではむしろ邪魔にもなる、ということの逆説にあります。精神分析には逆説がつきものです。

精神分析理論の存在意義は、いくつかの方法で説明することができます。

まず〈知らない〉と〈忘れる〉は違うということが挙げられます。ある大御所俳優のエピソードですが、その人は台本を渡されると、まず台詞を完全に覚えた後で、あえて一旦忘れてしまうのだそうです。そして撮影当日に改めて台詞を覚えなおして演技すると、より自然で新鮮な演技ができるのだと語っていました。

しかし、それでは当日に一から覚えればよいのではないか、なぜ事前に一度覚えて忘れるのかと問われて、その人は「台詞を知らないことと、台詞を忘れることは違う」と返したそうです。

分析理論にもこれと近いことが言えるのではないかと思います。「分析家は臨床の場で理論を忘れるべきだ」という主張は、「分析家は理論を知る必要はない」という主張とは全く異なります。理論を知ったうえで、それをあえて忘れたかのように分析の場に臨むことが重要なのです。

例の俳優が台詞をいったん忘れるようにしているのは、私が思うに、「忘れる」というプロセスを挟むことによって、一度覚えた台詞がより体内化・身体化されるからではないでしょうか。撮影当日に覚えなおすことは、この身体化された記憶を呼び起こすトリガーなのでしょう。分析家にとっての分析理論もそのようなものかもしれません。いわば、頭で意識的に思考するのではなく、身体で無意識的に思考することが求められているのです。

患者は自由連想に従って、意識的な選択や検閲を働かせずに発言することが求められます(53頁)。分析家の側も同じです。患者の話は、意識的に聞くのではなく、**自分自身の無意識を働かせながら聞くべき**なのです。患者の側の無意識の発言《パロール》(後述71頁)を受容できる機械は、分析家の側の無意識に他なりません。分析家は自分の無意識を治療の道具として使う必要があるのです。理論的知識に頼る臨床はこうした無意識の道具化の妨げになります。

## それでは理論は何のためにあるのか②

「臨床においては理論を忘れるべきだ」と言っても、もちろん、完全に忘れることは不可能でしょう。結局のところ、この主張が言わんとするのは、「一般的な理論によって患者の特異性を征服してはならない」ということです。臨床の中で、患者の特異性は必然的に一般的な枠組みとぶつかり合うでしょう。しかし分析家はそこで一般的なものの味方について特異的なものを排斥してはなりません。

むしろ分析家は、特異性と一般性とをあえて衝突させ、この衝突を通じて特異性が姿を現すように分析を方向付けるべきです。特異性は一般的な枠組みからの逸脱として定義されます。だから、特異的なものが表に出てくるためには、一般的なものと衝突したり、一般的なものとの齟齬《そご》が明らかになったりする契機が重要なのです。

理論は理論として強力であり、多くの経験から成り立っています。だから、時として患者の症状や発言が精神分析の典型例に従っており、分析理論で簡単に説明できてしまうと思えることもあるでしょう。

しかし、患者の症状が既存の理論的枠組みに従っているように見えるということは、まだその人の特異性が分析の中で現れていない証拠です。その人の中で、一般的な分析理論をはみ出す何かが見えてきてからが分析の本領なのです。

一般性とのぶつかり合いの中で特異性が現れるとは、そういうことです。特異性とは、「まだ存在していなかったもの」であり、根本的に「新しいもの」です。**精神分析の目標は、〈新しいもの〉を生み出すことです。**〈新しいもの〉が新しいと思えるためには、それと相反する〈古いもの〉（つまり、既存の理論）もまた必要です。前衛芸術が生まれてくるためには古典的な芸術が完成していなくてはならない、というようなことです。

〈新しいもの〉とは、一方で、精神分析全体にとって新しいものです。一つひとつの分析が行われるそのたびごとに、精神分析全体がもう一度根底から定義されなおされるようにして、分析は行われなければなりません。[*2]

しかしなにより、それは患者にとって新しいものです。つまりその人がそれまで言わなかったようなことを言ったり、それまでやらなかったようなことを行ったり、思ってもみなかったようなものを作り出したりすることが、特異性の出現です。

それは、究極的に言えば、その人が、それまでの人生では考えられなかったような、**新しい〈生き方〉を見つけ出す**ということです。それは人生の大部分を構成する〈同じようなこと〉の反復の中では見えない、全く新しい人生の道です。

## 〈新しいもの〉を発現させる

私たちは日常会話において、結局いつだって同じようなことばかり話します。「自分は駄目な人間だ」と悩みつづけたり、もう幸せなんてないと絶望しつづけたり、あいつのせ

＊2　この本の中でこれからいくつか出てくる症例（もどき）は、理論の説明のためのものなので、あまりこの「理論による一般化をはみ出す特異性」が現れているとは言えません。しかし分析家が本物の症例を報告する時には、一般性と特異性との衝突を加味しながら報告を作り上げることが重要です。単に理論の図説にしかなっていない症例や、起こった出来事が漫然と並べてあるだけの症例は、決して質が高いとは言えません。

分析家は症例をただ報告するのではなく、症例を構築しなければなりません。構築とはすなわち、一つの分析で得られた素材を的確に配列しなおし、その分析の核がどこにあるのか、患者の中でどのような――一般化された理論を逸脱する――特異的なものが生じたかを明らかにするということです。治療データの正確な記録だけでは、精神分析の症例報告として充分ではありません。むしろ、記録としては不正確でも、巧みな構築がなされていれば、それは優れた症例報告になります。

症例報告が目指すべきものは、患者の中で生み出された特異的なものを報告することによって、精神分析全体に何か新しいものをもたらすこと、つまり**患者の特異性をもとに一つの新たな普遍性を作ることです**。特異性に基づく新たな普遍性、これはラカンが提唱した「パス」（「アンコール1」102頁）の目的でもあります。

もちろん、こうして得られた新たな普遍性もまた仮初《かりそめ》のものでしかなく、新たな分析における新たな特異性の登場によって、さらに新たな普遍性へと更新されるべきものです。分析理論の完成はありえません。理論はつねに未完成のままに留まるべきであり、新たな特異的なものの出現による変革のための余地を残しておかなければならないのです。

いで自分は不幸になったと恨みつづけたり……もう嫌だと思っても、気付けばまた同じ悩みに陥っているものです。

　時や場所が変わっても言うこと為すことが同じなのは、私たちがいつだって同じような性格で、いつだって同じような考え方をしているからでしょう。しかし、そうであるがゆえに私たちは、懊悩《おうのう》や苦しみから一向に楽になれません。そうした〈同じようなこと〉の反復から抜け出すためにはどうしたらよいのでしょうか。

　そこから脱出するために大きな役に立つのは、**決して共感しないような他者がいること**です。**こうした意味での他者になること、それが分析家の役割です。**

　分析家は、普通であれば共感できそうなことにも共感しない態度を取るものです。そのことによって分析主体は、「あれ、普段の会話と違うぞ。どうしてこの人はそう不思議そうな反応を返すのだろう。自分の言ったことは何かおかしかったのだろうか」と思います。何らかの意味を込めて発言したことでも、本当にその意味で言っていたのか、そもそも意味があるのか、分からなくなります。いわば、分析の場で自分の発言《パロール》が宙づりにされるわけです。

　そう、先ほど述べた「意味を切る」とは、そういうことです。そしてそこから思いもよらない新しいことを言えるようになるのです。

　分析家の解釈は、意味を切ることによって、分析主体の発言《パロール》に切れ目を入れます。そしてその切れ目から、全く新たな発言《パロール》が出て来られるようにします。解釈とは〈思いもよらなかった新しいこと〉を言うよう、患者を促すためのものです。

よくある誤解ですが、分析家は患者の抑圧されたものが何かを分かっているわけではありません。あくまで意味を切ることのできるポイントを探しているだけです。つまり、そこを切ると〈もっと他のこと〉が出てくるような箇所を見つけて、それに反応しているのです。

そうした点を見つけるためには、患者の言っていることを決して理解しないようにしなければなりません。普通の会話においてはすんなり理解できるようなことを、あえて理解せずに聞くことが重要です。なぜなら、そこから普段なら口にしないような〈もっと他のこと〉を言えるようになるからです。患者を理解して、意味をもった解釈を与えれば、そこで話が終わりになってしまいます。〈もっと他のこと〉は決して出てこないのです。

## 解釈に意味はない

だから解釈は、「ほう」とか「へえ」とかいう頷《うなず》きでもよいし、話の主旨と全く関係のない細部を追求するようなものでもよいわけです。

例えば、「私はその日、朝の十時に家を出て……帽子を被って出たんですけれど……彼と会った時に睨《にら》まれているように思って……もう目が見られなくて……」というようなことを患者が言ったとします。

そこで普通のカウンセリングならば「それは辛かったですね。他にはどういう時に同じような気持ちになりますか」というように、共感を示しながら聞き返すでしょう。あるいは、一般的にイメージされている精神分析では「あなたの父親に対する恐怖が彼に転移したのです。目とは、あなたに欠けている知性の象徴です」というように意味付けをするでしょう（これもまた、いい加減な解釈ですが）。

しかしラカン的精神分析において、分析家は「帽子を被っていたんですか！　よく被るの？」というような解釈をするものです。言うまでもなく、この話において帽子云々は大した意味を持っていないわけですが、だからこそ分析家はそこに注目するのです。なぜならそのことで、この話をした時には思いもしなかった、帽子に関する問題が発覚するからです。そこから、何か重要なことが出てくるかもしれません。[*3]

**分析家の解釈は大抵の場合突飛で、面食らわせるようなものです。**しかしそういう一撃があるからこそ、想定していなかった新しいことを言えるようになるのです。

自分の言ったことが理解され、共感されることは確かに安心感をもたらします。しかし一方で、共感されることそのものに中毒的に依存してしまい、症状が改善されないまま、いつまでも同じような話をしつづけるおそれもあります。それでは人生の転機など訪れないでしょう。

極言すれば、解釈は無言でもよいのです。普通なら返答すべきところであえて沈黙していることは、むしろ強力な解釈になりえます。

## 変動時間制セッションについて

ラカン的精神分析における「解釈」のもっとも独特な例は「セッションの中断」でしょう。心理臨床（およびラカン派以外の精神分析）の面接《セッション》では大抵時間が定められています。しかしラカン的精神分析は基本的に、一定の時間をあらかじめ決めない変動時間制セッションを導入しています。これは一定の時間が来て面接を終了するのではなく、患者が話している途中で突然セッションを切り上げるというものです。患者の側は、自分の話がいつ打ち切られるか分からないのです。

一般的にカウンセリングにおいて重要なのは、親身になって（「共感」して）患者の話を傾聴することだと言われています。ですから患者が話している途中で急に「もういいです」と突き放してしまうようなセッションなど、とんでもないと思う人も多いでしょう。

実際、変動時間制セッションは、ラカンが国際精神分析協会（International Psychoanalytical

＊3　この挿話は以下の文献を参照しました。新宮一成編『意味の彼方へ——ラカンの治療学』金剛出版、一九九六年、二二三—二二四頁。

Association：略称ＩＰＡ）から追い出される大きな要因になりました。ＩＰＡでは面接時間に四五分とか五〇分という規定があったのですが、変動時間制セッションではそれより早く終わることのほうが多く、「短時間セッション」などと呼ばれました。

「短時間」などと言うと、なんだか分析家が妙に楽をしようとしているように思われるかもしれませんが、しかし変動時間制セッションはズルなどではなく、極めて理に適ったセッションのやり方です。

なぜならセッションの切り上げとは、まさに〈切る〉ことに他ならないからです。分析家は、分析主体の言ったことになんらかの意味を付け加えるのではなく、むしろセッションの中断によって、話をストップさせます。それは患者がその後に言おうと思っていたこと、つまり「意味しようとしていたこと」を切ることを意味します。

そうすると患者は、「その後に別のことを話していたならば気にしなかっただろう、何気ない一言」に向き合うように促されます。つまり「今しがた何の気もなしに発した一言には、何か〈もっと他の〉意味があったのではないか」と省みることができるのです。そこから、あらかじめ〈言わんとしていたこと〉とは別のことが頭に思い浮かぶ（かもしれない）わけです。

比喩的に言ってみると、話題という名の列車が目的地《オチ》に着く前にレールが切断されることで、列車は暴走し、あらぬところへと彷徨《さまよ》いはじめます。そして、予定とは全く異なった謎の駅に到着してしまうのです。

「……何を言っているんだ、私は」「……何を言おうとしていたんだっけ……」と戸惑うことが重要です。分析においては、自分の言っている意味が分からなくなり、道に迷う瞬間がなければなりません。考えもしなかった抜け道が見つかるのは、まさにその瞬間なのです。

### 無意識の発言《パロール》

勘の良い方はお分かりでしょうが、この「〈言わんとしていること〉とは別のこと」こそ、無意識からの発言《パロール》に他なりません。

無意識が現れた時、それは患者にとっては「思いもよらなかったこと」と受け取られるでしょう。「自分がこんなことを言うなんて思ってもみなかった」というわけです。無意識的なものはまさに〈新しいもの〉です。

分析家はそのようにして無意識を現れさせます。そうすると患者は「自分は○○だと思っていたけど、実は違う見方もあるのではないか」と、自分自身を見直すことができ、自分のそれまでの考え方や物の見方を変革することができるようになります。そういうところから、だんだんと新しい人生が拓けてくるのです。

分析主体は基本的に〈古びたもの〉を反復して生きています。主体がうんざりしても反復から抜け出せないのは、ずっと抑圧されたままに留まっている何かがあるからです。だから無意識的なものは〈新しいもの〉として現れます。実際には過去に抑圧された〈古いもの〉なのですが、患者は抑圧を知らなかったので〈新しく〉見えるわけです。

特異的なものは最も〈新しい〉と思える発見であり、また同時に、患者が一般性の世界の中で最初に抑圧してしまった一番〈古いもの〉でもあります（後述87頁）。最も古いものが最も新しいものとして発見されるという逆説が、精神分析の臨床なのです。

## 自我と主体の区別――自我心理学との違い

さて、議論をもっと明確にするため、ここで自我（moi）と主体（sujet）という二つの概念を導入しましょう。これらは通常どちらも同じような言葉として扱われます。しかし、精神分析用語としては、対極と言ってもよい関係にあります。

自我というのは私たちが日々の生活で前提として抱いている「自分」の像、自己イメージのことです。客体化（対象化）された自分と言ってもよいでしょう（実際、「自我」の原語である〈moi〉は英語の"me"にあたり、目的格《オブジェクト》になった「私」を指します）。

詳しくは次章で議論しますが、こうした「自分」の像は《他者》に支えられたイメージによって構築されています。つまり「自分が自分だと思うもの」は《他者》を通して作り上げられた虚構的《フィクショナル》なもので、それがその人の本性であるわけではないのです。

にも拘わらず、ラカン以前の精神分析（ここでは自我心理学）では、自我は人間の自律的な部分だと思われており、「自我を強化すること」が精神分析の目的だとされていました。そしてそのためには「自我が不合理な混沌《カオス》である無意識を統御できるようにする」ことが重要だと考えられていました。

つまり、「精神分析治療を通じて自我が強化されることによって、患者は内的な無意識の力動や外的な環境に適応し、調和をとって生きることが可能になる」というわけです。症状などの精神的な障碍は、弱い自我の自己統合や外的適応力の不全によって生じるものだと考えられていたのです。

これは自我による支配《コントロール》に重きを置く考え方です。つまり自我心理学的な精神分析治療が目指すのは、①患者が精神分析の力を借りて無意識という「まともではないもの」を自分の中に発見し、②自我の強化によって患者が「まともではないもの」を制御できるようになり、③結果として患者が「まとも」になることです。そして、何が「まとも」であるかの大きな基準が「その人の自我がどれだけ調和的で適応的であるか」です。

こうした考え方が主流になっていったのはフロイトの没後ですが、しかしフロイトはそもそも「人間に無意識がある以上、人はどうしても調和的に生きることはできない」という発見から出発していたのではないでしょうか。

自我心理学的なアプローチは、結局のところ、「精神分析にとって理想的だとされる自我をもつ人を作り上げること」を目標にしています。ここでの理想的な自我とは、つまり調和的で適合的な「強い」自我のことです。

しかし前章で確認したように、精神分析は〈理想〉を目指してはならないのではないでしょうか（43頁）。つまり無意識という不調和なものを統御し、調和的に生きるという〈理想〉ではなく、自分が実現したいと思っている〈理想〉にそぐわないもの、つまり不調和なものをそのまま受け入れることが、本来の精神分析の目標ではないでしょうか。

またなにより、自我心理学的な考え方では真の〈思いもよらなかった新しいもの〉が生まれません。もちろん自我心理学的な精神分析を通じても、患者はある程度の新しい発見を行えるでしょう。しかしながら、そうした発見を通じて目指されるのは、あくまでこの〈新しいもの〉を自我が統御できるようになることです。

もしその人の分析の中で生まれた〈新しいもの〉が、根本的に自我を超えるものだとすればどうでしょうか。つまり、その人の中に、もはや自分では統御できないようなものが見つかって、そのためにそれまで抱いていた自己イメージや、過去から現在に至る生き方を根本的に変えなければならないとすればどうでしょうか。

そのときに分析主体はむしろそれまでの自我を全く手放さなければならなくなるでしょう。しかし精神分析が自我による統御を最終目標にしてしまうと、結局のところ自我が統御できる限りでの〈新しいもの〉しか生み出せなくなってしまうのです。

## 精神分析にとって主体とは何か

ラカン的精神分析が相手にするのは、自我よりもむしろ主体です。ラカンは自我が人間の自律的な本体であるという考え方を受け入れません。なぜなら、人間の精神全体にとって自我とはあくまで二次的な「作られたもの《フィクション》」でしかなく、より根源的なのは主体だからです。そして主体とは自我の抑圧を超えて姿を現すような無意識の主体です。

……これだけでは説明が不充分でしょう。しかしこの主体というのがまた、非常に厄介な概念なのです。これが一般的に用いられる語であるだけに、なおさらその独特な意味を説明することが困難です。

実際「主体」という言葉は、「患者」とか「その人」といった一般的な意味でも用いられます（本書でもこうした意味で「主体」という言葉を使うことがあります）。しかし重要なのは、「主体」のもつ精神分析的な意味です。

一般に「主体的に振舞う」とか「主体性を持つ」と言うと、「自分自身で考える」「自分一人で行動する」といった意味になります。しかし精神分析でいう主体には「能動的なもの」「統御するもの」「理性的なもの」「意識的なもの」という性格が全く**ない**とお考え下さい。主体とは、考えようによっては受動的とも言える存在です（なぜなら、後述するように〔154頁〕主体は《他者》によって生み出され、《他者》に支配されるものだからです）。

それからもう一つ重要なのは、主体には実体がないということです。つまりどこかで目に見えるような形で主体なるものが存在しているわけではないのです。そもそも目に見える形で存在している時点で、それは対象《オブジェクト》になっているわけですから、言葉の上でも主体《サブジェクト》とは言えません。客体化（対象化）された自分とは、先述の通り（72頁）むしろ自我のほうです。

だから、主体の存在を立証するために数字などのデータに頼っても、意味がありません。同様に「私の主体はこういうものだ」と語ることもできません。語ることも対象化の一つだからです。

では、どうやって主体を考えればよいのでしょう。

## 主体は〈生じる〉ものである

哲学的にそこまで正しい表現と言えるかわかりませんが、主体は〈存在するもの〉というよりも、〈生じるもの〉であると考えるべきです。

主体は、普段は存在していません。存在しているとしても、一般的に存在している事物とは異なり、潜在的なものとしてのみ存在しています。だから、どこかに主体を探しても決して見つかりません。

それでも、ほんの一瞬、何かのハプニングのような形で、ふと主体的なものが姿を見せることはあります。しかし、それをもう一度ちゃんと見ようとするともうどこかに居なくなっている——主体とは、そのようなものです。

これは無意識も同様です。無意識というものは、例えば脳を解剖してくまなく探しても、物質的に発見されることはないでしょう。こう言ってよければ、（少なくともラカン的な意味での）無意識を実証することは不可能なのです。

科学的イデオロギーの信奉者はよく、「証拠《エビデンス》がない以上、無意識の理論に意味はない」と批判します。しかし無意識には定義上、証拠がないのです。だから証拠を示せというのは理不尽な要求です。

このように無意識の主体は実証不可能ですが、なぜ精神分析がそのようなものを想定するのかと言うと、臨床の中には「無意識的なものが生じた」と考えることでしか説明することのできない現象が数多く存在するからです。*4

もっとも代表的なのが失錯行為と呼ばれる現象です。ケアレスミス、忘れ物、失言、言い間違い等々、日常生活でこういった失敗をしでかすことは決して推奨されません。もしやってしまったとしたら、「うっかり者」や「注意不足」と言われ、その行為を褒められることはないでしょう。

しかし精神分析においては、そうしたミスが積極的な価値をもったものとして扱われます。つまりそれらのミスは、そこで無意識の主体が姿を見せた重要な出来事だと考えられるのです。

こんな例を考えてみましょう。

彼にはあるところに送付しなければならない書類があった。それは、先日亡くなった祖父の遺産を相続するために必要な書類だった。

彼は日頃から金欠だったため、遺産相続は願ってもない幸運だった。あいにく、祖父の晩年における放蕩のため、大した額は貰えないようだったが、それでも悪くない小遣いになりそうだ。

書類はなるべく早く送った方が良いだろう。相手先には明日までに送るようにと指定されている。彼は余裕をもって今日中に送ることにしたが、今日は終日仕事場を離れられない。そこで、出社前に郵便局に寄ることにした。

だがそんな日に限って、彼は遅刻寸前の時間に目覚めてしまう。結局、郵便局に寄ることはできなかった。まあ明日の消印まで有効なので、明日早起きすればよいだろう、と彼は気を取り直す。

次の日は早く起きられたが、なんと封筒を持って出るのを忘れてしまった。昼頃に相手先からかかってきた電話で、初めてそのことが分かった。「まずい！」と彼は焦る。電話で相手が言うには、そのまた次の日が本当にギリギリの締め切りである。

翌日は仕事が休みだったので、彼はどうにか郵便局に行って必要書類を送付できた。しかし帰り道、昼食を食べようと定食屋に寄ったところで気づく。郵便局に傘を忘れて

＊4　例えば私たちは「空間」そのものであるとか「時間」そのものをその目で見たことがあるわけではなく、せいぜい「空間の中にある事物」であるとか「時間の中で行われる運動」しか見ていません。しかし物理学を始めとした自然科学（およびそれらを基礎づける哲学）は、一般的に空間や時間が存在するという想定の下で成り立っています。なぜなら、そういったものを前提としなければ、もろもろの物理現象を説明することができないからです。

　精神分析にとっての無意識も、それと同じようなものかもしれません。無意識という概念が新奇なものに見られがちなのは、そもそも精神分析が扱うようなもろもろの心理現象がそれまで科学的な説明の対象になっていなかったからです。そしてそうした心理現象を説明するためにフロイトは、**哲学者や物理学者が「空間」や「時間」といった概念を想定するのと同じように、無意識という仮説を想定したの**です（精神分析が通常の意味で「科学」と言えるかは措くとして）。

　無意識が実証不可能な仮説でしかないにしても、そもそも根本的に言えば、科学的な概念はどれも仮説でしかありません。「観察を通じて、その概念が説明できない事態が明らかになれば、どれだけ伝統的な科学概念でも放棄されるべきである」というのが科学の原則なのです。科学は根底的に仮説によって成り立っています。科学が仮説であることを否定することで出来上がるのが、例の科学的イデオロギー（29頁）であると言ってもよいでしょう。

　なおこの註の議論は以下の文献を参照しました。Isabelle Alfandary, *Science et fiction chez Freud : Quelle épistémologie pour la psychanalyse?*, Les Éditions d'Ithaque, 2021, p. 22–29.

きたのだった……。

## 彼は本当に寛容だったのか

さて、彼が忘れ物を繰り返してしまったのはなぜなのでしょうか。

彼は遺産相続を、願ったりかなったりの幸運だと思っていました。祖父は大変厳格な人で、彼は祖父のことがあまり好きではありませんでした。遺産を受け取ればせいせいするとまで思っていました。それなのに、なぜ遺産を受け取るのを拒むかのような失錯行為を繰り返してしまったのでしょうか。

彼が祖父を苦手だと思っていたのは、父親譲りでした。父もまた、自分の父との仲があまり良くなかったのです。

彼の父親は厳格なところがない柔《やわ》な人で、いつも妻の尻に敷かれていました。父は何でも自由にさせることをよしとし、彼は自分の父のこうした寛容な姿勢を好んでいました。彼は穏やかな人柄で知られ、人に強制をせず、自分の考えを押し付けず、それぞれが自由にやりたいことをやれるのが一番だと考えていました。

しかし、実はそうとばかりは言えなかったのです。彼は近頃別れたばかりの恋人のことを思い出しました。彼女は別れ際に「もう束縛されるのはうんざり」というようなことを言っていました。

考えてみれば、彼女にはいろいろとわがままを言ってきた気がします。彼からすれば、自分はちょっと甘えているだけのつもりでした。確かに、彼女にいろいろと「お願い」をすることは多かったかもしれない。それでも、それはあくまで「お願い」であり、何かを強制する「命令」では決してなかった、と彼は思っていました。

しかしこうした一見下手に出るかのような態度は、実際には見せかけのものでした。あくまで「お願い」のふりをしながら、いざ彼女がそれを拒めば、縋《すが》りついたり理屈をつけたりして説得してはいなかったか。強制的な命令をあくまで任意の「お願い」であるかのように言うことで、相手を縛っているということを自分に隠してきただけではないか……と彼は過去を振り返りはじめます。そして女性に対する自分の態度の中に、何か自分の知らない自分が現れていたのではないかと思うようになりました。

**「あんな父のようにはなりたくない」**

この男性は一見自分の父親をとても尊敬しており、父のように寛容で柔軟な人間でありたいと思っていました。しかし実は、父には尊敬できないところがありました。父が母の尻に敷かれている姿を見ることを彼は嫌いました。しかし、それ以上に嫌な父の姿がありました。

父の父、つまり彼の祖父は、晩年になってもよく父に小遣いを渡していました。父はというと、いつもは悪口を言っているというのに、ひとたび祖父が家に来ると従順な良い息子を演じているように見えました。

それは祖父から小遣いをもらうためだと、彼は子供ながらに気付いていました。祖父から「褒美」を受け取る父を見た時、彼の心には「まるで娼婦みたいに媚びた態度だ」という言葉が浮かんだこともありました。もちろん、それは父を傷つけることだと思って、彼はこの言葉をすぐに忘れましたが。

このように、自分の父を理想と思っていたはずの彼の中には、しかし「父のようにはなりたくない」という隠れた〈本音〉が存在していました。彼が、無意識の失錯行為を通じて、祖父の遺産を受け取るのを拒んでいたこともそれに関係しています。なぜなら、祖父の遺産という「小遣い」を受け取ってしまうと、自分があの時の父と同じような立場に置かれてしまうからです。

そして同時にこの男性の中には、「女性的なもの」への恐怖が色濃く存在していました。それは蔑視《べっし》や嫌悪と結びついた恐怖です。つまり、誰かに媚びたり平伏したり、自分の弱みを晒したりすると「女みたいに」なってしまうという不安が彼の中には隠れた形で生じていました。

彼の言う「女」とは何か軽蔑の対象となるような「女なるもの」の像として彼の中で構成されたものです。そうした「女」のイメージを自らの手で作り出しておきながら、自分がそのイメージ通りの存在に貶められてしまわないかと彼は不安に陥るのでした。

## 女性性の拒絶

以上から分かる通り、彼が「ああはなりたくない」と思っていた父のイメージとは、「女みたいな」ものとしての父でした。そして彼にとって「女みたいな」父とは、自分よりも強い人間から金銭を与えられることを屈辱と考えながら、しかしこの屈辱を受け入れることで金をもらって、結局は喜ばされている、そうした惨めな存在でした。彼にとって「女性的なもの」は「受動的で惨めな存在」を象徴するイメージになっていたのです（もっと精神分析的な言い方をすると、〈女性的なもの〉が〈去勢された存在〉として表象されていたわけです）。

しかし彼はこうした「女性的なもの」への恐怖と拒絶を認めていませんでした。つまりそうした観念は意識から追い出され（抑圧され）無意識的なものになっていました。そしてその反動として彼は、柔和で寛容な人という自己イメージ（自我像）を作り上げていたのです。

「男性的なもの」と力強さを結び付けて考えているにもかかわらず、彼はなるべく「男」を出さないような生き方を続けていました。自分の中の無意識的な「性」の観念から逃れようとしていたのです。

しかしそんな彼でも、恋愛の中で性の問題を避けられなくなってしまうと、彼は「自分は女を支配できる「男」である」ということを確認して、不安から逃れようとしていました。ただし自分が「男」であると意識してしまうようなあからさまに強権的な態度をとることは避け、甘えたような態度で、しかし確実に相手に言うことを聞かせようとしているのでした。

そういうわけで彼は、なかなか書類を送りに行けなかったのです。彼は結局書類を送付できましたが、そこで傘を置き忘れるという新たな失錯行為を起こしてしまいました。祖父からお金を貰うことで、彼は反対に何かを失ってしまったと感じました。この喪失の事実が、傘を置き忘れるという新たな失錯行為の中で表現されていたのです。

## 〈もう一つの自分〉に気づくこと

長々と説明してきましたが、このように彼の失錯行為の隠れた「意味」を説明することは、確かに、私たち第三者にとっては役に立つかもしれません。しかし、仮に分析家が解釈としてこの人に以上のような説明を与えてやったとしても、それだけで彼の中に変化が生じることはないでしょう。

たぶん、「そうかもしれませんね……」などと深刻な顔で呟きながら、次のセッションの時にはもう忘れています。なぜなら彼は、解釈を受け入れたふりをしつつ、実は何も信じなかったからです。たとえ「まさにそうです！」と深く納得したような素振りをしたとしても、「（それがもし本当にそうなら、ですけどね……）」という隠れた抵抗のメッセージが（意識しないままに）潜んでいるでしょう。

分析の中で彼に変化がもたらされるためには、忘れ物をするという行為の中に「自分の知らない自分」が潜んでいるという事実を、**自分自身の手で**（あるいは「口」で）**発見することが必要でしょう。**

それに気付いた時、**自分が知らぬ間に構築してきた自己イメージ**（自我）**に反する、無意識の主体が姿を見せるのです。**自分が自分の信条（父への尊敬や、寛容さの理想など）を裏切っていること、「そんなこと願うはずもない」ことを願っていることが発覚する瞬間が、そこにあるのです。

分析家が目指すのは、こうした無意識の主体の姿を露わにすることです。

例えば彼が分析室で以上のエピソードを喋ったとして、「……まるでドジっ娘《こ》みたいなヘマですよ」と言った時に「ドジっ娘？」と聞き返すといった具合です。この発言に出てきた〈女性的なもの〉を強調することによって、それまでこの「郵便物出し忘れ騒動」と関係があるなどと思わなかった〈女性的なもの〉に話が向き、この忘れ物がただのケアレスミスではないことに気づきます。**自分でそう思っている自分とは別の〈自分〉が、そこで作用していたことに気づくのです。**

反対にそうした分析家の介入がなかったら、忘れ物の原因として「仕事が大詰めで疲れていた」だの「あの郵便局の局員は愛想がなくて好きではない」だの、もっともらしい言い訳でお茶を濁して、それで済んでしまっていたことでしょう。つまり、現在の自我が扱える範囲内だけで、事を済ましてしまうのです。

## 主体は一瞬のうちに逃げ去る

しかしながら、たとえここで「自分は父を軽蔑し、「女」になるのを恐れている」という新しい自己イメージが明らかになったとしても、それもまた一つの自我に過ぎません。それはそれまでの自我とは異なる新しい自我であるとしても、しかし、もはや主体ではありません。無意識の主体の場所はまた別の位置にずれています。つまりそこでは、**すでに無意識に対する新たな抑圧が働いてしまっているのです。**

「偽の主体としての自我の外に、真の主体としての無意識の主体がある」という考え方は正しくありません。存在するものは自我だけです。主体は（潜在的にしか）存在せず、瞬間的に〈生じる〉ものでしかありません。だから主体を白日の下に曝け出して、その有様を余すところなく語ろうとしても無駄です。そうしようとした時には、主体はもはやどこにもないのですから。

**主体とはつねに〈もっと他のもの〉でしかありません。**主体はつねに「それではないもの」「これまでの考えでは説明できないもの」として現れます。「自分が言おうとしたこととは別のことを言っている「自分」がいた」という形でしか、主体は姿を見せません。このように主体とは二重性そのものだとも言えるでしょう。

したがって分析臨床の中でできることは、自分の中にある二重性を見て取ること、〈もっと他のもの〉に気づかされることだけです。自分が経験した出来事のうちに主体が現れた痕跡を見出すこともありますし、あるいは分析中に言い間違いなどをしてしまい、その場で主体が姿を見せることもあります。

もちろん、それは瞬間的な出現で、主体はすぐに消失してしまいます。だから分析家は解釈やセッションの中断で、この主体を素早く刺し止める必要があります。分析は瞬間勝負なのです。

## 特異性と一般性の相克

ここまで議論を進めたところで、改めて思い出していただきたいのですが、精神分析は患者の特異性を露わにさせることを目標にしているのでした（60頁）。しかし、なぜ精神分析は特異性という問題にそこまでこだわるのでしょうか。

特異性が重要な理由は、まとめてしまえば次のようなものです。つまり、「特異性が排除されることによって、無意識の主体が生まれるから」です。

繰り返すように、私たち個々の本質的な部分は特異的です。しかし、私たちが完全に特異的なだけの存在であれば、一切のコミュニケーションが不可能になってしまうでしょう。だから、私たちは生まれて間もなく〈一般的なもの〉を自分の中に導入《インストール》し、その枠内で日々を送ることを余儀なくされます。

例えば言語はまさにこうした〈一般的なもの〉です。何らかの言語体系がその話者の間で一般的に共有されていなければ、言葉が通じなくなっています。

自我もまた、このような〈一般的なもの〉の導入によって生まれます。自我とは他者との関わりの中で生まれてくる「自分」であり、他者に見られる限りでの「自分」です（詳しくは次章で述べます）。だからこそ、そこには、決して他者が見てとることのできない、その人の特異性が欠けているのです。

特異性が排除されている以上、一般性の世界は完璧になりません。一般性の世界に入るということは、自分の大事な特異的なものを手放すということに他なりません。そうして生まれた一般性の世界は、つねに「一番大事なもの」が欠けているため、どこか居心地の悪い世界になります。

**この根本的な居心地の悪さがあるからこそ、無意識の主体が生まれるのです。**先述の通り（76頁）、無意識の主体は〈ハプニング〉として姿を見せます。もし一般性の世界に満足しきっていたら、わざわざそんな厄介なことが起きることもないでしょう。しかし心の奥底で何らかの不満を抱いているからこそ、失錯行為のように思わぬ形で反抗が現れてしまうのです。

精神分析は無意識の主体を現れさせることを目指します。そして無意識の主体と特異性とが本質的に結びついている以上、精神分析が最終的に目指すのは、特異的なものが一般性の世界を食い破って出現することです。分析が最後まで進んだならば、それまで一般性の世界にはなかったような、〈全く新しいもの〉が生まれるはずです。

「そんな〈全く新しいもの〉（特異的なもの）を誕生させたところで、患者に何か良いことはあるのか」と訝《いぶか》る人がいるかもしれません。「心の治療はあくまで症状をなくすためにあるのであって、特異性云々は、あくまでプラスアルファでしかないのではないか」と。いや、そうした意見に対してははっきり言いますが、特異性が出てこない限り、症状の苦しみはなくなりません。なぜなら、そもそも無意識的な症状の苦しみは、一般性の世界で特異性が排除されるという、根源的な不満に基づくものだからです。

といっても、特異性が発現すれば症状が全部消えてしまうというわけではありません。誤解を招くかもしれませんが、精神分析を終えても、いくらかの症状は必ず残ります。ただし大きな変化として、分析主体は、自分の症状に対して、それまでのようには苦しまなくなるはずです。

そもそもなぜ人は症状に苦しむのでしょうか。その原因はさまざまでしょうが、大きな原因の一つは「症状を持っていると、自分が世間一般の標準から外れてしまう」からではないでしょうか。

「私は社会不適合者だ。いつまで経っても症状が治ってくれない。普通の人はこんなことで苦しまないのに。皆が普通に克服できることが、自分にはなかなか乗り越えられない。こうして苦しんでいる間にも、みんなは人生を享楽《エンジヨイ》しているのに！」。こんな嘆きを聞いたり言ったりすることは、誰しもあるでしょう。

**こうした懊悩は、特異性と一般性の間の相克によって生まれるものです。**多くの人が「皆と同じでありたい、社会の中で成功したい、他人に好かれる人になりたい」と思います。しかし症状はそれを阻害しにやってきます。肝心なところでしでかす忘れ物や失言、謎の体調不良、反省の域を超えて自分を苛《さいな》む罪悪感……症状は一般性の世界での成功を台無しにしてしまいます。

こうした症状的な失敗が生じるのも、排除された特異性が自らを主張するために他なりません。一般的な「基準」に見合った人間になろうとすればするほど、特異性は暴力的に自らの姿を現そうとします。その結果が、もろもろの悩みや症状なのです。

## 特異性と〈うまくやっていく〉こと

したがって、特異性と一般性の間の相克にけりがつかなければ、人の根本的な苦しみが消えることはありません。

といっても精神分析は「一般的なものを一切合切捨て去って、特異性の中だけで生きるべきだ」ということを主張するわけではありません。それでは他人とコミュニケーションが取れず、世捨て人のような状態になってしまうでしょう。誰もが隠遁生活を望むわけではありません。

特異性と一般性との間の相克は、どちらかの勝利によって終わるものではありません。それは構造的に不可能です。ただ、**特異性との上手い付き合い方**を見出すことはできます。フランス語の表現を用いると、一般性の世界の中での暮らしに侵入してくる特異的なものと〈savoir y faire〉（英語では〝get along〟）していくやり方を作り出すのです。

そして問題になっているのがまさに特異性である以上、上手い付き合い方を見つけられるのは自分だけです。例えば、自分の特異性に基づいて芸術的創造を行うことで、特異的なものをポジティヴに利用できる人もいるでしょう。あるいは、自分の特異性を受け入れない一般社会を変革しようとすることが解決になる人もいるでしょう。

しかし、いずれにせよ精神分析という旅の最終的な目的地である〈特異的なもの〉に辿り着くことができるのは、分析主体自身の足だけなのです——しかし、心配することはありません。分析家というガイドがその近くまで同行してくれるのですから。

## 個性と特異性——精神分析から見たゆとり教育

さて、本章を終える前に一つ明確にしておきたいことがあります。それは、個性と特異性の違いです。

筆者（一九九四年生まれ）の世代が受けてきた教育は、「ゆとり教育」と呼ばれます。ゆとり教育は、個性重視の教育として知られています。だから筆者と同世代の人ならば、「自分の個性を開花させなければならない」というような指導を、嫌というほど受けてきました。現在でも、それぞれの人が自分の個性に見合った能力を発揮することは重要だとされています。

精神分析もまたそのような個性重視の風潮と同じでしょうか。いや、実は根本的に異なっています。

なぜなら、ゆとり教育で言われている「個性」なるものは、学校や社会という一般的なシステムに適合する限りで認められるものでしかないからです。学校教育が本当の意味で個性を重視すれば、おそらく学級崩壊が起こるでしょう。ある人の個性と他の人の個性が相容れるとは限らないのですから。

個性というものは、「一般論」によって一つの視点から扱われるものでしかありません。他方、特異性というのは、あらゆる一般論からはみ出す過剰な何かのことを言います。個性は統一的な基準ないし言語によって識別・分類されます。言ってみれば、個性はなにがしかの総覧《インデックス》に登録されるものなのです。対して特異性は識別や分類の不可能なもので、総覧に登録したり、辞書にまとめたりすることはできません。

だから現代社会においていかに「個性」や「多様性」というものが尊重され、賞揚されていたとしても、それは社会が特異性を重視していることにはなりません。むしろ個性の重視によって、ますます特異性の問題がないがしろにされると言えます。「こんなに多様な個性を認めてやっているのだから、それと相容れないような〈個性〉（これは特異性のことです）を主張するのは欲張りが過ぎる」というわけです。

個性が一般的な基準に立脚して考えられる以上、それは必ず、この基準を司っている権力にとって都合のよいものとして扱われます。権力は社会の中で、何を「個性」として認め、何を「反社会的なもの」として排除するかという境界線を画定することによって、その支配力を発揮するのです。それに対して、特異性とは本質的に反権力的なものです。

## 個性には他者の支えが必要である

個性と特異性の区別は、ある意味で、自我と主体の区別と似ています。個性とは、自我に対して用いるべき言葉です。前述の通り、自我は客体《オブジェクト》＝対象化された「自分」であり、そして他者の支えのうえに成立するものです。個性は自我のものである限りで他者に依存しており、他者によって評定されなければなりません。

ゆとり教育で言う個性も、先生や保護者という他者に認められて初めて成立する客観的なものでした。また先の話を蒸し返せば（56頁）、分析家が意味をもった解釈を与えると、意味によって支えられた自我のイメージを承認する他者になってしまいます。つまり、分析家はゆとり教育における先生のようになってしまい、結果として無意識の主体を覆い隠してしまうのです。

しかし厄介なのは、**こうして他者に支えられた自我の個性が、私たちの縁《よすが》となる**ということです。

例えば、肩書に縋《すが》る人がいなくならないのもそのためです。他にも身近な例としては、血液型診断が典型的です。血液型診断は、昔から何度もその非科学性を指摘されています。しかし、そうでありながら、血液型で性格を判断するという考え方が今でも蔓延《まんえん》しているのはなぜでしょうか。

私たちは、自分が誰なのか、どんな人間なのかを確固たるものとして知ることができません。だから「お前はこういう者だ」という規定を他者によって与えられると、真っ先にそれに飛びつき、「自分とはなにか」を保証してもらえたと喜ぶのです。血液型診断はその点においては優れた手段です。私はA型だから几帳面な性格なのだ、などと手軽に「自分とは何か」を教えてもらえます。

あるいは反対に、インターネットなどに書かれる他愛もない誹謗中傷に傷ついてしまうのも、それが曲がりなりにも他者によって提示された自分の姿に他ならないからです。個性によって形作られるような「自分の姿」は、とどのつまり他者に依存するものでしかありません。だから他者の意見がどのようなものであれ、それが「真の自分」ということになってしまう恐れがあるのです。

## 特異性を引き受ける勇気

主体的な特異性は、他者に依存する「自我の個性」とは正反対のものです。第一に、それは個性のように対象（客体）として他者に示せるようなものではありません。何の変哲もない人が分析を終えて、やはり何の変哲もない人のままであったとしても、それは決して分析が失敗に終わったことを意味するわけではありません。特異性は表面に表われてくる何かとは限りません。客観的には変化がなくとも、その人の中で、主体に関する何らかの変化があればよいのです。

また特異性は主体が自ら見出すものですから、決して他者には依存しません。それは他人様が絶対に許さないほど卑猥《ひわい》だったり残酷だったりして、恥ずかしくてとても露わにできないようなものかもしれません。しかし、それでもよいのです。特異性とは「他者が何と言おうとこれが自分だ」と開き直って受け入れるようなものです（この「居直り」については46頁でも述べました)。

しかし多くの人が開き直れず、「こんな欲望は決して世間様には許されない。なんてひどいことを考えてしまうのだろう。万一バレてしまったら破滅だ」と思いながら戦々恐々として生きているものです。

それこそが「一般性と特異性の相克」です。分析主体は、他者が承認する一般性とは相容れない特異性に悩むのです。精神分析の臨床は、この相克との上手い付き合い方を見出していく過程だと言えます。

そのためには自分の特異性を認めてそれを引き受けるための「勇気」とでも言えるものが必要です。そしてその勇気を得ることができる場所は、自らの無意識と対峙し、その根源まで旅を続けようとする精神分析を措いて他にないのです。

## まとめ――症状は不幸ではない

人が精神分析に足を踏み入れる大きなきっかけの一つは「本当の自分を教えてほしい」という動機でしょう。しかし実際に分析を受けてみると、その望みが叶わないことが分かります。

なぜなら精神分析の主体とは患者自身であり、分析家はあくまで、患者(分析主体)の自己分析の補助を行うに過ぎないからです。分析家の解釈は意味を持つものではなく、むしろ、「意味を切る」ことによって、自分の何気ない発言に潜む〈思いもよらないもの〉に気づかせるためのものです。

この〈思いもよらないもの〉とは、それまで自我が抑圧していた無意識的なものに他なりません。〈思いもよらないこと〉を言ってしまう時こそ、無意識の主体が姿を見せる瞬間です。

そして無意識の主体が生まれるのは、主体が一般性の世界で根源的な居心地悪さを抱かざるをえないからです。この居心地悪さは、一般性の世界において排除された特異性を原因として生じるものです。

――本章の議論をまとめると、おおむね以上のようなものになるでしょう。

一般的な心の治療では、患者は受動的なものとされています。患者はなんらかの事故《アクシデント》によって精神的な障碍を負ってしまった可哀想な人と考えられています。だから治療者は往々にして、苦しい症状を一刻も早く取り除いてあげたいと思うでしょう。

しかし精神分析では症状の裏に主体的なものを見出します。症状は苦しいものであっても、必ずしも不幸ではなく、無意識の主体が現れようとしている兆しであり、患者が無意識と向き合うための好機なのです。そして精神分析の中で主体的なものが露わになることを経験して、それまでは思ってもみなかったような欲望や思想が自分の中にあることが分かるかもしれません。自分や世界を新たな目で見ることが可能になるかもしれません。

しかし保証はありません。それを行えるかどうかは、分析主体自身に委ねられているのです。

**【アンコール1】**人はどのようにして精神分析家になるのか

第一章で先送りにしていた精神分析家の資格の問題（39頁）について、ここでようやく触れることができます。

しかし、いきなりですが、本来、精神分析家の資格認定制度などあってはなりません。いったいなぜでしょうか。この謎を解き明かすのが本コラムの目的です。

確かに国際精神分析協会（ＩＰＡ）は精神分析家の認定制度を明確に設けています。一定期間以上の訓練分析、スーパービジョン、セミナー受講などもろもろの研修を受けたうえで、書類審査や面接審査に合格することによって精神分析家と認められる、といった制度です。

「訓練分析」は「教育分析」とも呼ばれ、分析家の志望者がまず患者の立場で精神分析を受けることを指します。治療のための分析とは異なるとされるため、「訓練」とか「教育」という名がついています。座学や他分野での臨床経験だけで分析家になることはできず、まず患者として他の分析家との分析を体験しなければならないというわけです。

これを見ると、分析家の資格制度は明白なものであるように思われます。しかしながら、ラカンは一九六三年にＩＰＡを脱退しています。したがって、ラカン派にはＩ

PAの資格制度は通用しません（同時に、この「破門」騒動によってラカンもまたIPAの基準では無免許分析家になったことになります）。ならばラカン派はIPAと同じような資格制度を持っているのかと言うと、そのようなものもありません。

結論からお伝えすれば、ラカン派には分析家の資格を認可する制度がありません。極端に言えば、自分自身が分析家だと認めれば分析家なのです。

「ならば正規の分析家とモグリの分析家を区別することはできないのではないか」と思われるかもしれません。「資格が存在しないのなら、すべての分析家は「自称分析家」でしかなく、全く信頼がおけないのではないか」という疑問を持たれる方もいらっしゃるでしょう。なるほどそれはもっともです。いったいなぜ、このような厄介な事態になっているのでしょうか。

## 分析家の条件は分析家の欲望にある

実はそこに第二章のテーマが関係してきます。それは他でもなく、精神分析が目指すのは特異性であるということです。

特異性は一般性と相容れないものです（58頁）。したがってそれを目指すために、一般的な理論や技法は全く通用しません。いくら理論や技法を知っていたところで、それだけで分析を行うことはできないのです。

ラカン派分析家にとってIPA的な訓練が持つ問題点は、そうした訓練をいくら積んだところで〈一般的なもの〉しか習得することができない、ということにあります。ですからラカン派の分析家になるのに、セミナーを受講したり、口頭発表を行ったりする必要はありません。極言すれば、精神分析の本など一つも読んだことがなく、一つも精神分析用語を知らなくとも、分析家になることは原理上可能なのです（あくまで「極言」ですが）。

**分析家になる唯一の条件、それは特異的なものを目指す欲望を手にしていることです。**この欲望は「分析家の欲望」と呼ばれます。知識や経験が問題なのではありません。問題なのは、分析家としての欲望を備えていることです。

精神分析という特異性を目指す臨床のためには、いかなる理論も役に立ちません。前述の通り理論は不必要ではありませんが、しかし実際の臨床の場においては、すべての理論を一旦忘れなければならないのです（60頁）。理論的知識が役に立たないのであれば、頼ることができるのは、己の欲望だけです。

分析家は分析の中で自分の無意識を道具とする必要があると述べましたが（62頁）、それは「臨床の中で依拠すべきは己の「分析家の欲望」だけである」とも言い換えられます。理論や技法に関する知識が意識的なものであるとすれば、それに対して欲望は意識的に統御できるものではなく、無意識的なものだからです。

では、分析家の欲望を身に付けるためにはどうすればよいのでしょうか。

それはやはり、自分自身が分析主体となり、分析の中に身を置くほかありません。分析家の欲望は訓練分析の中でしか生まれません。分析をある程度の年数行っていると、ある時に「自分にも分析ができる」と思えるようになると言います。それこそ、分析家の欲望がその人に宿った時なのでしょう。

精神分析治療が特異性を目指すものであれば、分析の最終局面に至ると、特異的なものを目指す欲望、すなわち分析家の欲望が身に付くはずです。しかし、それがいつ、どのように身に付くかは分かりません。なぜなら、分析家の欲望が特異性を目指す以上、その欲望自身が特異的なものなのですから。また、この欲望が特異的なものであるがゆえに、それを一般的な制度によって形式的な仕方で認定することもできません。ラカン的精神分析において「分析家」とは、あくまで自分自身のみに拠って立つ存在でしかないのです。

## 「パス」について

もしラカン派において分析家の「資格制度」のようなものが可能ならば、それは「あらかじめ特異性を内包した一般的制度」という逆説的なものでしかないはずです。

ラカンはそうした「制度」を考えるためにパスという概念を導入しました。パスとは、簡潔に言えば、「その人が自身の（訓練）分析において、分析主体から分析家への移行《パッサージュ》を果たしているか」を判断する審査過程のようなものです。この「移行」の条件となるのは、志願者の分析経験の長さや知識・経験ではなく、分析家の欲望であり、そして特異性です。

一言で言えば、パスの審査の中で問われるべき問題は、志願者が精神分析の中で、自分の特異性に基づく新たな普遍性を生み出すことができたかであると言えるでしょう。すでに分析主体として分析を行っている志願者が、その中で生み出した特異的なものを他者に伝達することができ、そのことで従来の精神分析の普遍的な枠組みの中に何らかの重要な変革をもたらすことができたか、がパスの審査基準となります。

しかしパスは分析家資格の認定《オーソリゼーション》制度ではありません。一人の分析家を分析家として認定できるのはあくまでその分析家自身である、という原則は揺らぎません。[*1]

ではパスは何のためにあるのかと言うと、志願者がそのラカン的精神分析協会の中心的な分析家であること、つまり自分の分析経験に基づいて精神分析の核心的な問題

＊1　ラカン的精神分析協会、という曖昧な書き方をしたのは、ラカン派は内部分裂を繰り返しており、ＩＰＡのような統一的組織が存在しないからです。したがってそれぞれの協会ごとにパスの制度も異なっており、パスを採用していない協会もあります。

を証言したり、精神分析にとって新しいものを生み出したり、後進の教育にあたったりすることができるという保証《ギャランティ》を与えるためにあるのです。後進の教育にあたったりこうして保証を受けた分析家は学派分析家と呼ばれます。

この点でパスはＩＰＡにおける分析家一般の認定制度にそのまま相当するというより、特に訓練分析家（訓練分析を行うことのできる分析家）の認定制度に相当すると言えるでしょう。しかしながら、学派分析家にならなければ訓練分析を行えないわけではありません。後述の通り、ラカンは、あらゆる精神分析は（それが最後まで進んで「移行」が果たされれば）訓練分析になると考えました。しかし、だからといって、学派分析家でなければ一切の分析を行えないというわけではありません。パスは分析家として臨床実践を行うために必須の課程ではないのです。

現在ラカン派の協会の中でもっとも大規模なフロイトの大義学派（École de la Cause freudienne：略称ＥＣＦ）およびその国際組織である世界精神分析連合（Association mondiale de psychanalyse：略称ＡＭＰ）を始めとして、この学派分析家は基本的に任期制とされています。つまり任期が終わればその人はもはや学派分析家ではなくなるわけです。学派分析家は永続的な資格ではなく、あくまで一時的な役職でしかありません。学派分析家と一般の分析家の間でなるべく序列《ヒエラルキー》が生じないような仕組みになっているわけです。

## 純粋な精神分析は訓練分析である

パスの審査を受けたか否かにかかわらず、分析を終えた主体はみな特異的なものを生み出しているはずであり、つまりは精神分析家であるということになります。もちろん精神分析家を職業として選択するかどうかは人それぞれですが、それでも、分析を始めたきっかけや当初の動機が何であれ、分析を終える時にその人が特異的なものを創り出しているのであれば、その人は必然的に分析家たりうる資格を備えています。

これはつまり、すべての分析は本来訓練分析であるということになります。この点もＩＰＡとラカン派の大きな違いです。なるほどＩＰＡにおける資格認定の条件にも「訓練分析を受けること」が含まれています。しかしここで言う「訓練分析」は治療のための分析と区別されており、そのため「良い分析家になるための職業訓練」という色が濃くなってしまいます。ラカン派における訓練分析とは理念が異なるのです。

ＩＰＡでは、①通常の精神分析は治療のために行われるもので、②分析家の養成のために行われる訓練分析は特殊なものです。しかしラカン派においては、①純粋な精神分析はあくまで分析家の養成のための分析であり、②治療のために行う分析は応用的なものに過ぎないのです。

これは、ラカン派における「分析家」という概念が単なる職業の謂いではなく、あくまで「特異性を目指す欲望（分析家の欲望）を備えた人」を指すことに起因します。精神分析が特異性を目指すということ、それは精神分析が新たな分析家の誕生を目指すということと同義なのです。

ですから「精神分析の目的は分析家の養成である」と言っても、それは精神分析が職業訓練のようなものであることを意味するわけではありません。「分析家」とはあくまで、本書の随所で語ってきた「精神分析が与えてくれるもの」を得ることができた人々のことなのです。

## 分析の目的は分析の内部になければならない

このことは、実は第一章のテーマであった「精神分析の独立性」とも関係します。というのも、精神分析が目指すのが病気の治療であれば、それは投薬治療や認知行動療法などと同じく、数ある療法の一つになってしまうからです。そうなると精神分析の臨床実践としての独立性はなくなり、精神医学や臨床心理学の下位カテゴリーとして、それらに従属することになってしまうでしょう。

精神分析がこれらに対して独立性を確保するためには、精神分析は精神分析の内部に目的を持っていなければなりません。そこで、分析家の養成ということを目的にすると、精神分析の自律性を確保することができるわけです。

精神医学や臨床心理学においても、自由連想などの精神分析的な療法が行われることはあります。しかしそれらはあくまで応用的な精神分析です。なぜなら、それらは分析家の養成を目的としておらず、つまりは特異性を目指すものではないということになるからです。その点でそれは精神分析として純粋なものではないのです。

日本にラカン派の分析家が少ないこと、またＩＰＡの分析家が同時に精神科医や臨床心理士でもあることから、「精神分析は精神医療や心理臨床の一技法ではないか」という一般的なイメージが流布しています。しかし精神分析はあくまで独立した臨床実践であり、独立した目的を持っているのです。

# 第Ⅱ部

# 精神分析とは
# どのような理論か

# 第三章　国境を越えると世界が変わってしまうのはなぜか

## ――想像界・象徴界・現実界について

本章からいよいよ第Ⅱ部に突入します。

第Ⅱ部は「精神分析とはどのような理論か」と題しました。第Ⅰ部では精神分析という臨床実践の独自性について解説しましたが、ここからはラカン的精神分析のより理論的な側面について考えてみたいと思います。

本章ではその短い導入《イントロダクション》として、想像界、象徴界、現実界の概念について簡単に紹介します。

ラカン理論と聞いた時、多くの人が真っ先に連想するのがこの三界の理論でしょう。これは大変有名な概念であり、そのため、時に精神分析の文脈を超え、哲学的な認識論のようなものとして受容されているように思われます。しかし本章では、あくまで精神分析において三界の理論がどういった役割を担っているかを中心に解説していくつもりです。

## 心的次元の区分

「想像界」「象徴界」「現実界」の原語は、それぞれ〈l'imaginaire〉、〈le symbolique〉、〈le réel〉です。英訳すると“the imaginary”、“the symbolic”、“the real”となります。

原語を見てもらえば分かる通り、「界」という字は日本語訳の際に付与したものです。原語は形容詞を名詞化したものなので、直訳すれば「想像的なもの」「象徴的なもの」「現実的なもの」となります。ラカン（派）の本の邦訳では、この二種類の訳語が並存しています。本書でも文脈に応じて二種類の訳語を使い分けますが、指すものは同じですので、ご注意ください。

さて、「界」と名前がついてはいますが、別に想像界や象徴界といった場所が世界のどこかに存在するわけではありません。これらはあくまで**人間の心の領域の区分**に過ぎません。つまり人間の精神は想像的なもの・象徴的なもの・現実的なものという三つの要素が合わさって形作られているというわけです。精神を形成するさまざまな構成要素をこの三つの枠組みに分類すると、精神分析にとって見通しがよくなるのです（ただし三つの領域は重なり合っており、すべてのものが三界のどこか一つに位置付けられるというわけではありませんが）。

ではこの三界は、それぞれどのような領域でしょうか。順番に解説していきましょう。

## 想像界について①——身体は肉体を統一する

想像界とは、一言でいえばイメージの領域です。

イメージは私たちの身の回りに溢《あふ》れています。絵画や映像といった芸術作品に描かれているのはまさにイメージですし、他の人物に対して「優しそうだ」「怖そうだ」といったイメージを持つこともあります。また後述するように、ラカンにとっては、〈意味《シニフィカシオン》〉全般もイメージ的なものです(115頁)。

しかし、私たちにとってもっとも身近かつ根源的なイメージは、自分の身体でしょう。「身体は血や骨や肉でできているのだから、物質的なものではないか」と思われるかもしれませんが、それは「肉体」と呼ぶことができても、固有の意味で「身体」とは言えません。なぜでしょうか。

肉体は、口、目、耳、肛門……など、さまざまなパーツで構成されていますが、肉体が複数の器官によって成り立っている以上、それらの器官は時にばらばらな状態に置かれることがあります。例えば「強い尿意を我慢しながら、ホット・アイマスクで目の保養をしている」という状況を思い浮かべてください。そこで下腹部は大変な不快に苦しんでいますが、目は至福を感じています。つまりそれぞれの器官から得られる感覚はばらばらなはずです。

そこでは、いったいどちらがあなただと言えるでしょうか。あなたは今、尿意を我慢して苦しんでいるのでしょうか。それとも、目の疲れが取れて気持ち良いのでしょうか。

こうした疑問に対して多くの人は「いや、どちらも自分に変わりはない」と答えるでしょう。そう思えるのはひとえに、肉体器官のばらばらな感覚をまとめ上げる機能があるからです。

そう、それこそ〈身体〉の機能に他なりません。身体はもろもろの器官の働きや、器官から得られる感覚を一つのイメージの下に統一する機能を持っています。それがあるからこそ、下腹部の苦しみも目の至福も自分のものであると受け止められるのです。このように、身体は物質的な肉体とはあくまで異なる次元のものとして考えられます。

## 想像界について②——身体とイメージ

ではこうした身体の統一機能は、いかにして成立しているのでしょうか。

一般的には、それは神経によって成立すると考えられています。感覚器官が得た刺激が感覚神経によって脳や脊髄などの中枢神経系に伝わり、中枢神経系はそれらの情報をまとめ、処理する……といった考え方です。

しかしラカン的精神分析では、人間は神経系が未発達の状態で生まれてくるので、神経系の統一が発達する前に、それを視覚的に先取りすると考えられています。このように視覚により像《イメージ》として先取りされた統一体が、精神分析的な意味での〈身体〉です。原初的な身体の統一はあくまで視覚的なイメージに依拠する客体化（対象化）によって得られ、神経系はその後でようやく発達する、というわけです。そしてこの客体化を担う装置《デバイス》こそ、鏡に他なりません。

このように書くと難しく見えますが、要するに、人間が「自分の身体」として把握できるものが成立するためには、身体を鏡に映し、それを「一つに統合されたもの」として把握する契機が必要であるということです。生まれたばかりの赤ちゃんは、一人きりでは諸々の器官を一つの身体として統一することができません。そこで、鏡という外部装置を用いて視覚的な形でこの統一を行うほかないのです（詳しくは次章で解説しますが、この契機は「鏡像段階」と呼ばれます）。

鏡が与えてくれるのはただの像、つまりイメージでしかありません。そこには何も物質的なものがありません。あるのは光学的なものだけです。しかしそれでも、鏡が作り出すイメージの機能によって、自分の身体を一つの対象《オブジェ》として把握することができます。自分の目だけでは肉体の局所しか見ることができません。統一的に自分を見るためには、鏡という媒介《メディア》によって、身体をまるごと映し出す必要があるのです。

## 象徴界について①――記号とシニフィアンの違い

象徴界は言語の領域を指します。

より正確には言語の〈仕組み〉の領域と言った方が良いでしょう。というのも、言語がもつ「意味」の側面は想像的なものだからです。例えば誰かが「動物園で象を見た」と言っているのを聞くと、あの鼻の長い動物のイメージが浮かぶでしょう。しかしそれらはあくまで象徴的なものがもたらす想像的なものであり、象徴的なものそれ自体とは言えません。象徴的なものとは言語の意味作用《シニフィカシオン》ではなく、意味作用を作り出す言語の構造（詳しくは次の節で説明します）を指す言葉です。

また、先ほど単純に「言語」と言いましたが、ここで「言語」という言葉が何を指すかにも注意する必要があります。

動物は象徴的なものを持っていません。なぜなら、動物は言語を用いないからです。

確かに、イルカのエコロケーションのような動物言語は存在しますが、それはあくまで記号によって構成されるものです。これに対して人間の言語を構成しているものはシニフィアンと呼ばれます。

記号とは何でしょうか。一言で言えば、記号とは指示対象と一対一で対応するものです。例えば犬に「ハウス！」や「お手！」などと言ったら、それはいかなる場合でも「犬小屋へ帰れ」や「前足を掌に載せろ」という命令を意味します。あるいは機械に発するコマンドもこれにあたります。「〇〇というプログラムを起動せよ」というコマンドが指す内容は、いかなる場合でも同じでなければ困ります。これらは、つねに同じ対象を指示するがゆえに、記号的なものと言えます。

しかし人間の言語はこのようなものではありません。人間が使う言語は、時と場合によっては全く異なった意味をもってしまうようなものです。

例えば「私は他人が嫌がることをします」という言葉があるとして、早朝に街のごみ拾いをしてくれるボランティア活動家がそれを言うのと、アパートの郵便受けに鼠の死骸を投げ込むのを生業《なりわい》としている謎の怪人が言うのとでは、意味が全く変わってしまいます。前者は「私は他人がやりたくないことを（代わりに）やります」という意味ですが、後者の場合は「私は他人がしてほしくないことを（わざと）やります」という意味になってしまいます。また何か失敗したときに言われる「馬鹿」は嫌な叱責ですが、しかし同じ言葉を恋人同士でじゃれ合っている時に言えば、むしろ愛情表現になることもあります。

このように人間が用いる言語は、それ単体では確定された意味を持つことはできません。それは、他の何かとの関係の中でしか意味作用を持つことができないのです。こうした事情は、まさしくシニフィアンの性質によって生じるものです。

## 象徴界について②——シニフィアンの複数性《プリュラリティ》

それではシニフィアンとは何でしょうか。

これはもともとスイスの言語学者のソシュールが考え出した用語ですが、ラカンはかなり独特の意味で用いています（ですから、ソシュール的な意味を知っている場合は一旦脇に置いていただく方がよろしいでしょう）。ここでは混乱を避けるため、ラカン的な意味におけるシニフィアンに限って解説したいと思います。

記号はそれ自体で指示対象と一致するので、単体でも機能します。これに対して**シニフィアンはそれ自体としては意味を持っておらず、意味作用《シニフィカシオン》が生じるためには他のシニフィアンと連接されることが必要となります**（「意味作用」とは、「何らかの意味を生み出す作用」および「この作用によって生み出された意味」とお考えください）。

例えば町中の壁に〝I〟と書かれていたとします。これだけだと何のことだか分かりません。ただのひっかき傷かもしれません。しかしその裏に〝am a Monster〟と書いてあったとしましょう。それを見れば、「表に書いてあったのは英語で〈私〉を意味する〝I〟だ」と分かります。〝I〟の語は、〝am a Monster〟に接続されることによって後から意味を持つのです。

あるいは突然「ハシ」とだけ言われても、それだけでは意味が分かりません。その後に「ヲ」「ワタル」であるとか「デ」「タベル」などという他のシニフィアンが接続されることによって「ああ、「橋」か」とか「「箸」のことか」と分かるわけです（図1）。

こうしたシニフィアンの複数性《プリュラリティ》があるからこそ、人間の言語は、外部の指示対象に還

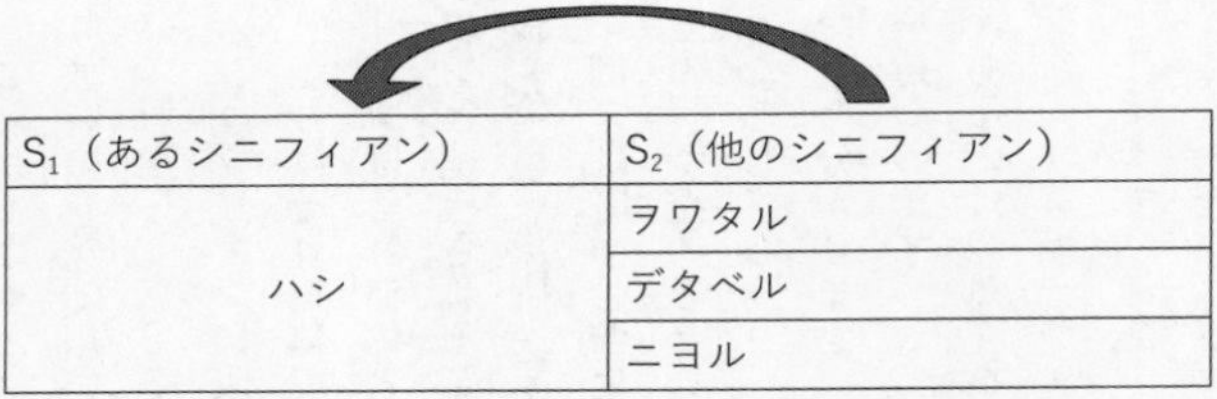


$S_2$が接続されることによって初めて$S_1$の意味が（遡及的に）明らかになる！

図1

元されないさまざまな意味を形成することができます。

シニフィアンと記号の働きの違いがもっともよく分かる例が、いわゆる慣用表現でしょう。例えば、まず「猿」と言います。これを記号として考える（物質的現実の指示対象に一致させる）と、それが指すのは図2に示したような動物です。次に「木」と言います。これが指すのは図3に描かれているものです。次に「落ちる」と言います。これは図4にある通り、高いところから低いところに動き移るということです。

しかしこれらの語を（助詞を伴って）つなげ、「猿も木から落ちる」とするとどうでしょう。「その道に通じたものでも失敗することがある」という意味になります。

この意味は「猿」にも「木」にも「落ちる」にも含まれていなかったはずです。これはあくまで、これらのシニフ**ィアンがつながることによってのみ生まれた意味作用です。**シニフィアンは、それらが連接されることで、外界の指示対象には全く結びつかない意味を生み出す能力を持ってい

図2

図3

図4

るのです。

## 象徴界について③——言語によって文化が生まれる

このように、シニフィアンの接続によって成り立つ人間の言語は、物質世界の事物を直接的な指示対象としていません。

にも拘わらず、人間は言語によって世界を認識しています。ということは、人間が認識している「現実」というものは、あくまで言語によって構築された現実であって、物質的な世界をそのまま反映しているわけではないのです。

実際、言語が変われば現実も変わってしまうものです。例えば、明治以前の人が熊本県の島崎にある鎌研坂《かまとぎざか》を登っても、大きな意味を見出さなかったでしょう。しかし夏目漱石の小説『草枕』を読んだ現代人にとって、そこを登ることは特別な意味を持ちます。なぜなら『草枕』の冒頭で主人公が登っている「山路《やまみち》」が、この鎌研坂に他ならない（と考えられている）からです。だから現代の私たちは『草枕』の主人公になったような気持ちで、この山道を登るはずです。それは他の山道を登る際には得られない気持ちです。

山道自体に変化はないのに、それにまつわる認識は小説によって大きく変化することになりました。そのことで鎌研坂は単なる山道を超えて、特別な観光地になります。このことは言語の、ひいては文化の力というものを示していると言えます。言語や文化がその場所を特別な空間にしてしまうのです。

言語が独自の世界を形成することによって、文化が生まれます。文化もまた人間に固有のものであり、動物が何匹集まっても固有の意味での「文化」は生まれません。なぜなら、文化が出来上がるためには、物質的な現実を離れた言語固有の世界が存在していなければならないからです。

旅行の際に「この近くにあの有名文学の舞台となった場所がある」と言われて行ってはみたものの、その文学を読んでないので特に何の感慨も湧かない、というような経験をしたことがある人もいるでしょう。旅行ほどその人の文化的・歴史的教養が試される機会も少ないと言えます。実際、筆者も旅先で「もっと詳しければより楽しめるんだろうな」と歯がゆい思いをすることがしばしばあります。

旅行先の土地をどれほど楽しめるかは、単なる寂れた街路や建物の残骸にしか見えないものの中にどれほど豊かな情報を読み取れるかにかかっています。これらの情報は物質世界の中に元々存在しているものではなく、人間の文化や歴史が生み出してきた独自の世界の中からしか生まれてきません。

そしてこうした文化的世界を構築する時の屋台骨が言語なのです。人間の言語が物質的な自然世界に還元されない独自の現実を構築し、そして私たちが言語による「バーチャルな現実世界」を棲家《すみか》としていればこそ、文化と呼ばれるものが花開くことも可能になるのです。

## 象徴界について④——象徴界は想像界を統御する

実際に文化の構成要素となるものを見てみれば、それらがすべて言語によってできていることが分かります。文学や思想などがまさしくそれに当たります。しかしここで注意しなければならないのは、私たちはほとんどの場合、言語的な仕方でしかイメージを受け止めることができないということです。

例えば、以下の図5を見てください。この図5の後に以下の図6を続けると、どうなるでしょう。この二つを並べてみると、最初の男は空腹であるように見えませんか。

さて、ここで今度は、最初の図5の後に図7を続けてみます。するとどうでしょう。今度は、最初の男は葬儀の参列者で、悲しんでいるように見えないでしょうか。

しかし図に変わりはありません。ここから以下のような結論が導かれます。つまり、あるイメージが何を表しているかは、その後に別のイメージが接続されるまでは確定されないのです。

図5はイラスト担当の菅野君に「無表情な男」という題で依頼したイラストです。全く表情がなく、それゆえ感情が分からないようなものとして描いてもらいました。

図5

図6

図7

しかし図5の後に図6が来ると、図5は「空腹な男」になります。そして図7が来ると、今度は「悲しんでいる男」になってしまいます。このように、図5が何を表すイメージであるかは、他のイメージとの関係においてしか決定されないのです。

これは「ハシ」というシニフィアンが、「ヲワタル」という他のシニフィアンに繋がると「橋」になって、「デタベル」に繋がると「箸」になるという仕組みと同じではないでしょうか(117頁)。したがって、こういったイメージの接続はシニフィアン的なものと呼べるはずです(お分かりの方も多いと思いますが、この議論は映画監督エイゼンシュテインの、いわゆる「モンタージュ」の理論に着想を得たものです)。

人間は言語的な存在です。だからイメージに触れる際も、言語を把握する際の仕方が大きく影響を及ぼします。言い換えれば、想像界は象徴界によって統御《コントロール》されているのです。象徴界の作用をまったく離れた純粋に想像的なものは基本的に存在しません。

「象徴界」という概念は単に狭義の言語構造を指すだけではありません。それは、もっと幅広く、人間の表象活動がもつシニフィアン的な構造の全体を含む概念です。イメージをシニフィアン的に捉えるという視点も、精神分析的な発想においては極めて重要です。

## 象徴界について⑤——言語＝文化＝〈法〉

また象徴界は〈法〉の領域という意味でも使われることがあります。この〈法〉という言葉は司法が扱う狭義の「法律」に限らず、もっと広い「ルール一般」のような意味だと捉えてください。英語の"rule"（仏語の〈loi〉）には「法律」のみならず、「法則」「規則」「慣習」「決まり事」といったさまざまな意味があります。〈法〉という語はこれらをすべて含む概念です。

例えば言語は、それが成立するためには文法というルールが必要となります。また文化が成り立つためには、さまざまなルールが存在しなくてはなりません。それがなければ無秩序な破壊と混沌に陥ってしまいます。象徴界はいわば〈人間の条件〉と言える領域ですが、それらはもろもろの「決まり事」がなければ成り立たないのです。

つまるところ、象徴界には「言語＝文化＝〈法〉」という等式が見られるわけです（ただしラカンも晩年になると言語に対する考え方を変えて、単に象徴界＝〈法〉とは考えなくなってくるのですが、本書ではそこまで解説しません）。ひとえに「象徴界」と言っても、そこにはこうした多様な意味が込められています。

本書にはこれから「言語の世界」や「《他者》の領域」などという言葉があちこちで登場しますが、それらは「象徴界」を文脈に合わせて言い換えた言葉だと思ってください。[*1]

＊1　象徴界が「言語の世界」であることはこれまでの記述から明らかだと思いますが、なぜそれが「《他者》の領域」なのかはまだ述べていません。これについては次章で詳しく検討するつもりです（146頁以下）。

## ジャック・ラカンの理論的変遷

さて、順番からすれば次は「現実界」ですが、その前に、ここで三界についての解説を一旦中断して、ラカンにおける理論的変遷の問題について考えてみたいと思います。ラカンを読む際には、つねにその理論の変遷を念頭に置く必要があります。ラカン理論は絶えず変化を繰り返すもので、数年経てば理論体系が一変してしまう――それどころか、一年と経たないうちに主張が変わってしまうということがしばしば起こるのです。それまでほとんど言及していなかった概念について、急にこれは精神分析の中心概念であると言い出したり、反対に、それまで重要視していた概念を無価値だと断言したりすることも珍しくありません。

「そのように意見をコロコロ変えるような人間が信用できるのか」といった疑問が生じるのも頷《うなず》けます。しかし前章でも述べた通り(60頁)、あらゆる精神分析理論はあくまで一般論に他ならず、患者の特異性を捉えそこねるものです。つまり精神分析理論は、どれだけ精巧で普遍的に見えても、必然的に不完全な理論でありつづけるのです。

だからこそ、ある理論を創り出して、それを究極的なものとして絶対視することの方が危ういと言えます。「この理論は絶対です。あなたの病理がそれにそぐわないことなんてありえません」という支配的な視野狭窄につながってしまいます。それでは患者の特異性がないがしろにされてしまうでしょう。

したがって、つねに理論を変化させつづけることの方がむしろ真摯な態度だと言えます。なるほどそれが哲学理論であれば、そこに一貫した体系が欠けていることは問題になるかもしれません。しかし精神分析理論の場合は、むしろ理論を体系化して固定的なものにしてしまうことの方が害をもたらすのです。

また、後に否定されるからといって、それまでの議論が無価値になるというわけではありません。理論的変遷が意味するのは、理論が単純に発展し、改善されていくという単線的なプロセスではありません。それはむしろ、一つの主題を時に応じてさまざまな角度から取り上げることを重ねた結果であると捉えるべきでしょう。

臨床はつねに複雑なもので、そこで生じるさまざまな出来事は、どの角度から見てもそれだけで把握しきれるものではありません。暗い洞窟の中を一本のライトで照らすことと同じく、ある点に光を当てれば、別の点は暗闇に取り残されてしまうのです。それゆえ、照らす場所を変えたり、自分の立ち位置を変えたりして、何度も何度も目の前の暗闇に格闘し続けた軌跡が理論的変遷という形で表われている、と筆者は考えています。

ちなみに本書では、あまり理論的変遷にこだわりすぎると複雑になってしまうため、ある程度簡略化して述べることにします。専門知識のある方は「まとめ方が単純すぎる」と思われるかもしれませんが、どうぞご寛恕《かんじょ》ください。

## 現実界について①——物質世界としての現実界

さて、前もって理論的変遷の問題に触れたのは、まさに現実界こそ大幅な理論的変遷を遂げた概念に他ならないからです。

それでは現実界とは何でしょうか。

まず言えるのは、現実界は私たちが普段触れている現実とは異なる領域を指すということです。先述の通り（120頁）、私たちが普段生きている「現実《リアリティ》」の世界は、言語とイメージ（象徴界と想像界）による構築物です。一方、真の意味での現実界《リアル》はむしろ、言語やイメージをはみ出す領域を指します。

最初にこの概念が導入されたときに、現実界はほとんど「物質世界」と同じ意味で用いられていました。先にシニフィアンは物質世界の事物を指示対象にしないと述べましたが（118頁）、ここで言われている「物質世界」の現実性がまさに現実界にあたります。つまり「水が百度になると蒸発して気体になる」という水準でのリアリティです。

「物質的現実がそのまま人間の〈心の現実〉であると考えるのは誤りだ。人間的な現実を考える際には、むしろ象徴的なものに注目しなければならない」というのが初期のラカンの考えで、初めのうち、現実界は精神分析が扱う主要なテーマではないかのように捉えられていました。

第一章で述べたように（17頁）、精神分析とはあくまで言語のみを用いて行われる治療実践です。したがってそこで問題となる「現実」も、言語的なものによって構築された現実世界と考えなくてはならないわけです。反対に言うと、言語で捉えられない領域は、精神分析の対象にはなりません。

精神分析が神経症などの症状にアプローチできるのは、それがいわば言語の病だからです。象徴的なものを基盤とする人間の精神は、言語的な仕方で構造化されています。精神障碍もまた精神の言語的構造のもつれから生まれてくるものであり、だからこそ、言語を用いて精神障碍にアプローチすることが可能になるのです。それに対して、言語と関係ないところで作られる病、例えばインフルエンザや癌を精神分析で治すことはできません（それらの病気が主体の〈心の現実〉にもたらす影響を扱うことはできますが）。それらは現実界の病なのです。

このように、初期（一九五〇年代半ば頃まで）のラカン理論において、現実界は、象徴界と比べればそこまで重要でない領域でした。しかしこうした考えは、後に抜本的な形で改められることとなります。

## 現実界について②——不可能性としての現実界

詳しくは第六章で述べますが（252頁）、一九五〇年代末頃から、ラカンは象徴的なものでは扱いえない領域に焦点を当てはじめます。

言語は物質的現実を離れたところで独自の世界を作りますが、この言語の世界は、同時に言語では語りえないものも含んでいます。「我々はどこから来たのか、我々は何者か、我々はどこへ行くのか」とか「人と人とが愛し合うとはどういうことなのか」といった謎を考えるのは、言語を使う人間だけです。しかしこの問いには答えがありません。誰しも自分の存在理由や死、そして愛の意味を語ることはできません。なぜなら、それらはみな言語を超えた領域にあるからです。

六〇年代以降、こうした不可能な領域を考えるために現実界の語が用いられるようになります。そこでの現実界の定義は、不可能性それ自体であると言えます。つまり、象徴界の構造自体に根差す不可能なもの全般が、現実的なものと呼ばれるようになったのです。

このように現実界の定義づけが変わったことと連動して、ラカンは、それまであまり議論の対象としてこなかった現実界を中心的な主題に据え、現実界こそがまさしく精神分析の核心的な問題だと考えるようになります。

といっても、ラカンが精神分析の臨床に物質的なものを導入する（例えば向精神薬を使うなど）ようになったわけではありません。精神分析が言葉のみを用いて行われることに変わりはありません。しかし、象徴的なものを用いつつ、言語が到達できない現実界を取り扱おうとするような困難な道に、ラカンは踏み出していくこととなるのです。

## まとめ——国境を越えると世界が変わってしまうのはなぜか

想像界はイメージの領域、象徴界は言語構造の領域、そして現実界は、そのどちらでもない領域を指す概念です。

私たちが持つ身体はイメージによって作られたものであり、それらはもろもろの器官を一つのイメージの下に統一する機能を持っています。

象徴界が指し示す言語構造はシニフィアンによって構成されています。シニフィアンは記号と違って、物質的な指示対象と対応せず、単体では意味をなしません。シニフィアンが意味作用を持つためには、他のシニフィアンと連接されることが必要です。象徴界は物質世界と独立した独自の言語的世界を形成します。それは〈法〉によって統御されており、そこから文化的なものも生み出されます。また象徴界は、想像界を統御する機能を持っています。

現実界は、初めは物質世界を指すものとして、後には不可能なもの一般を指すものとして用いられました。

——以上が本章の議論のまとめです。

さて、三界の関係性をよりイメージしやすくするため、最後に一つのスケッチを提示して終わりたいと思います。

「警察に追われている逃亡犯の男が、ついに今国境を越えた。彼はふと後ろの道路を振り返ってみる」という情景を思い浮かべてください。

彼はきっと、国境のこちら側と向こう側は全く別の世界だというイメージを抱くことでしょう。このイメージは想像的なものと言えます。しかし物質的にはどちらも同じような道路で、両者には何の違いもありません。アスファルトの材質も、道端に咲く花の種類も同じです。つまり現実界において、両者には区別がありません。

それでも、なぜ彼のイメージの世界（想像界）の中では両者が全く違うものに思われるかというと、それは「警察は国境を越えた犯罪者を追わない」という法律があるからです。これは象徴的なものと言えます。彼のイメージの世界における変容は、象徴的な〈法〉の裏付けがあって成立するのです。

このようなスケッチによって、三界の関係を把握していただけるのではないでしょうか。

もっとも、この例は五〇年代のラカンにおける三界のイメージを説明するものでしかありません。しかし次章ではこの時期のラカンについて語るので、そこでの理解の助けにはなってくれると思います。

# 第四章　私とはひとりの他者である――鏡像段階からシニフィアンへ

人を見た目で
判断しそうな
顔しやがって

これは友人のエビハラくんが作った自由律俳句です。野暮ながら解説すると、この一句が面白いのは、「人を見た目で判断すること」を批判している当人が、自分もまた人を見た目で判断しているからです。つまり、批判がブーメランのように帰ってきて、自分の方に向かってきているわけです。こういうタイプのジョークは多く、古典的な例を挙げれば、「暴力を振るうような奴は殴ってやる」や「俺は差別と黒人が嫌いだ」などがあります。

しかし、なぜこうしたジョークは広く普及しているのでしょう。それは、これらが図らずも鏡像段階の真理を言い当てているからではないでしょうか。

私たちはしばしば他者を批判します。批判が成り立つのは、自分が目の前の他者のような人間ではないという前提があるからです。その前提が脅かされた時、批判は滑稽なものになってしまいます。

しかしこうした滑稽さはある種の普遍性を持っているように思えます。他者について語っていることが、いつしか自分に関する語りになってしまう、あるいは反対に、自分語りが他人語りになってしまう、とりわけ、強い愛憎を抱いているときには――このように自我と他者の反転現象によって引き起こされる混乱は、まさしく鏡像段階の定めと言えます。

## 鏡像段階の復習

鏡像段階については前章でも触れましたが（114頁）、ここではもっと詳細に踏み込んで考えてみましょう。

私たちはつい、自分たちは生まれた時から統一された身体を持って生まれてくると思いがちです。しかし実際には、生まれたばかりの幼児は寸断された身体（本書の言葉では「寸断された肉体」と言う方が良いかもしれませんが）しかもっておらず、統一された身体は後に作られるものでしかありません。

生後間もない赤ちゃんが寸断された肉体しかもてないのは、赤ちゃんには「自我」と呼ぶべきものがないからです。つまり赤ちゃんはばらばらな肉体の、ばらばらな感覚や快楽を感じているだけで、それら全体を「自分」の身体として統一的に把握することができないのです。おしめを替えてもらって肛門がすっきりした快感を得ている時、赤ちゃんはその上に口があることや、その横に耳があることなど知りません。

思い出してください、第二章では「自我」という言葉を「対象《オブジェクト》化された自分」と定義しました（72頁）。つまり自我が成立して寸断された肉体が統一されるためには、自分を対象化する契機が必要なのです。そしてラカンはその契機を、赤ちゃんが鏡に自分の姿を映すという体験の中に見出しました。

これが「鏡像段階」という言葉の意味するところです。ある観察記録によれば、おおむね生後六カ月から一八カ月くらいの間に、赤ちゃんは鏡に映った自分の姿を発見して喜びを示すと言われています。動物であっても、一部のサルやイルカなどは鏡に映った像を自分だと認識できるようですが、動物は鏡の中に自分を発見してもじきに飽きてしまい、この鏡像認知がその個体にとって大きなものをもたらすわけではないようです。鏡に映った自分を見て喜んだり、繰り返しそれに見入ったりするというのは、人間の赤ちゃんに特有の現象だと言われています。[*1]

## 鏡像は真実ではない

ここまではすでに述べたことの繰り返しです。重要なのはここからです。対象化された自己、すなわち「これが私だ」と私たちが理解している自我は、鏡という外部装置に映されたイメージでしかありません。したがってそれは純粋に自分そのものとは言えないわけです。

鏡はそこにあるものを正確に映すと思われがちです。「外見では分からないその人の真の姿を映す鏡」というようなアイテムは、あらゆる神話や物語に登場します。このことからも、人間が鏡を「真の姿を映すもの」として受け止めているという事実が窺えます。

しかし、鏡が映すのはそもそも反転した姿でしかありません。鏡の前に立って見えるのはあくまで左右反転した自分の像であり、他人から見えている自分そのものというわけではありません。

それから、周囲の照明の加減などで、そこに映るものの姿は大きく変わってしまいます。風呂上がりに鏡を見ると、そこに映る顔は整って見えます。しかし日中に気を抜いたまま街中を歩いている時に、ビルの窓に映った自分の顔は、驚くほど不細工に見えるものです。果たして自分は美しいのか否か、鏡を見れば見るほど、分からなくなってくることはないでしょうか。

ことほど左様に「自分の像」というのは曖昧なものなのです。鏡は決して真実の姿を映すわけではありません。鏡像段階を経ていても、そもそも鏡像の中に見出される像自体が自分そのものではないのですから、私たちは自分の顔や体を完全に「自分のもの」として把握することができません。

これは写真や映像でも変わりません。私は自分が話している映像を後から見ると、「そこに映っているのは「自分」である」ということがどうしても腑に落ちず、一種のアバター（しかも自分で選んだわけではないアバター）が喋っているようにしか見えない、という気持ちに陥るのですが、同じような経験を持つ人はいないでしょうか。知らぬ間に自分の中で形成している自らの顔や体のイメージと、写真や映像という客観的な形で示されたそれとが必ずしも一致せず、「なぜ目の前のこれが「自分」なんだろう」という違和感を覚えたことがある人はいないでしょうか。

＊1　「アハ体験」という言葉が一時期流行《はや》りましたが、鏡像の中に自分の姿を見出し、「ああ、わかった、これが自分なのか」と腑に落ち、喜びを示すという、鏡像段階における人間の赤ちゃん特有の反応はまさにアハ体験だと言えます（ラカン本人が「アハ体験」という言葉を使っている）。動物に鏡像自己認知が可能であっても、それがその動物に自我を与えるわけではなく、人間のようなアハ体験には結びつかないという点に違いがあります。

## 鏡像とは一人の他者である

これらの例は、つまるところ鏡像というものが他者に他ならないという事実を示唆しています。そこに映っているのは自分そのものではなく、他の何かなのです。

日本語で「他者」と言うと、ほぼ「他人」と同義になってしまいます。しかし「他者」の原語であるフランス語の〈autre〉は英語の"other"に相当する言葉で、「自分ではないもの」「自分と異なるもの」一般を指す言葉です。

鏡像は自分そのものではなく、他なるもの（他者）でしかありません。しかしそうした他者の存在がなければ、私たちは「自我」を見出すことができません。

**つまり自我は他者があってこそ成立するものなのです。**私たちは、「まず自分があって、その後に他者が発見される」と考えがちです。しかし鏡像段階の知見を踏まえれば、まずは他者（鏡像）があってこそ、自分（自我）が生まれるというわけです。

鏡像段階は、生まれて間もない赤ん坊だけの問題ではありません。「鏡像」という概念が意味するのは、単に光学的に鏡に映った像ばかりではありません。それは、**自我の像《イメージ》を与えてくれる他者一般を指しています。**

幼児ならぬ身でも、他者を元に自己像を作りあげるというのは一般的なことです。若い頃には往々にして自分の好きなアイドルやミュージシャンなどの恰好を真似ることがあるでしょう。そこでの自分が自分に対して思う恰好よさは、自分が真似ている俳優や歌手の恰好良さに依存しています。

かく言う筆者も、吉田拓郎に憧れてハイライトを吸っていた時期がありました（きついのですぐやめました）。いや今でも、何かを喋っている時に「いま、喋り方が拓郎っぽい」と感じてうすら寒くなることがたまにあります。「これが自分だ」と思っていたものが、実は拓郎という他者のものに過ぎなかった、じゃあ自分はどこにあるのだろう……と感じてしまうことが、時折あるのです。

## 『世にも奇妙な物語』より「奇遇」論

ここで重要なのは、鏡像段階は自我を生み出すと同時に、ある根本的な不調和をも生み出すということです。

私たちが「これが私だ」と考える自我は、実際には他者のイメージに他ならず、本当の自分自身とは言えません。つまり両者の間には根本的な断絶があります。

そして〈自分〉を構成するイメージが他者に依存している以上、「他者に自分を奪われるかもしれない」という恐怖が必然的に生み出されてしまいます。それは鏡像をめぐる自分と他者との間の闘争と言えます。

この考え方は、理解するのになかなか骨が折れます。そこで、あるドラマを紹介したいと思います。それは『世にも奇妙な物語』（一九九二年、春の特別編）の中の、「奇遇」[*2]というエピソードです。

　水野武（片岡鶴太郎）はあるマンションに引っ越してきた翌日、隣の男性（仲本工事）に出会う。名前を尋ねると、なんとその男の名前も水野武であった。「奇遇ですな」と微笑む二人。実は二人は同じ日に越してきたばかり。また両者とも趣味が一緒で、妻の名前まで同じ。果てには、勤務する会社のビルまで同じだった。気味悪がる鶴太郎。

　その後もありとあらゆるところで、鶴太郎は仲本に出会ってしまう。公園や喫茶店で遭遇し、偶然立ち寄ったおでん屋では彼と同じ注文までしてしまう。

　鶴太郎はあまりに共通点の多いこの男を不気味がり、妻（芦川よしみ）の反対を押し切って、引っ越しを断行しようとする。しかし部屋探しに訪れた不動産屋でも彼と出会ってしまい、嫌になって家に帰る。すると、妻は愛想を尽かし出て行ってしまっていた。妻の名を呼びながらベランダに飛び出ると、なんと仲本工事の妻も今出ていったところであった。苛立ちのあまり、姿見《スタンドミラー》を叩き割ってしまう鶴太郎。やっと完成したばかりの大好きなプラモデルも、その巻き添えを食って壊れてしまう。

　数日後、気を取り直して、同じプラモデルを探しにおもちゃ売り場に出向く。すると、そこには、またもあの男がいた。しかし不思議なことに、鶴太郎はそんな彼にシンパシーを感じ、一緒に壊れたプラモデルを探すことにする。デパートを出て、公園のベンチに座る鶴太郎と仲本。

鶴太郎「そんなに……気にすることじゃなかったのかもしれませんね。……サラリーマンなんて、みんな同じなのかもしれない。同じ時間に家を出て、同じ時間に昼飯食べて、同じ時間に帰ってくる……」

仲本「なんか、切ないですね……」

鶴太郎「でもね、思ったんですよ。奇遇っていうのも、そんなに悪いもんじゃないなって。……いやむしろ本当は、ちょっと温かかったり、嬉しかったりするもんだなって……思い出したんですよ」

仲本「これですか」

と、プラモデルを指す。

微笑む二人。

二人「奇遇ですな」

ベンチを立った二人は、駅に消えてゆく。

＊2　原作・高井信「世にも奇遇な物語」（『奇妙劇場 vol.1 十一の物語』所収、太田出版、一九九一年）、脚本・田辺満、演出・鈴木雅之。

## 鏡像段階の愛憎

このエピソードはいわゆる「ドッペルゲンガーもの」の変化球だと考えられますが、鏡像段階のもつ不気味さや愛憎の両義性を見事に描き出しているように思えます。

片岡鶴太郎はなぜ、あれほどに仲本工事を忌み嫌ったのでしょうか。それは、彼が姿見を叩き壊すシーンによって示唆されています。つまり、彼は、あたかも映し鏡であるかのように何から何まで自分とそっくりな仲本工事を前にして不安を覚え、この仲本という鏡を破壊したい衝動に駆られたのではないでしょうか。

仲本工事との出会いは、いわば自分の鏡像との出会いです。仲本という他者によって、**それまで自分固有のものとして抱いていた自己イメージ（自我）が、自分ではなく彼のものになってしまう恐怖が始まったのです。これは自分の像だ、いや他者の像だ、いや、自分だ……という戦いが始まったわけです。**

これこそが鏡像段階における双数＝決闘（duel）の関係です。フランス語の〈duel〉という言葉は「双数的」と「決闘」という二つの意味を持っています。鏡像段階は自分と他者の双数的《デュエル》な関係ですが、それは同時に決闘《デュエル》の関係でもあるのです。鏡像段階は自我のイメージの成立の契機であるとともに、自分と他者との間で鏡像をめぐる闘争が始まる契機でもあります。

しかし同時に、鏡像は愛の対象ともなります。人が恋人として求めるのは自分自身だと言われます。これは単に「似たもの同士が付き合う」というよくある現象にとどまらず、二人の性格があべこべに見えても、互いのパートナーの中には、各々の——おそらく当人も自覚してはいない——隠れた本質を映し出す鏡が存在しているのです（だからこそ喧嘩にもなるのですが）。鶴太郎も、最終的には仲本に共感し、好意を抱くようになりました。彼が自分とそっくりだとしても、いや、むしろそうだからこそ、好意的に受け止めるようになりました。

このように、**鏡像段階においては、自分と他者の間に、愛憎が分かち難く入り乱れた関係が生まれます**。一方において鏡像は、自分の似姿《イメージ》として愛の対象になります（これは自己愛《ナルシシズム》と言えます）。しかし他方においては、まさにそれが自分の似姿であるがゆえに、激しい憎悪の対象にもなるのです。

ここで本章冒頭の「人を見た目で判断しそうな顔をしやがって」を思い出してください。このジョークの主人公は、自分が他でもなく「人を見た目で判断する」、偏見に満ちた人なのに、あたかも相手が自分に偏見を抱いてくるように思い込んでいます。**鏡像段階においては、自我の敵意が他者に投影され、反転して、他者が自我に向ける敵意と感じられてしまうのです**（これは愛に関しても同じです）。

だから、時として自我は他者を憎み、攻撃します。しかしそれはもともと自我の敵意ですから、攻撃は何も生み出しません。それどころか今度は攻撃された他者が自我（他者にとっての他者）に敵意を向け、自我はいよいよ他者による迫害を確信し……と、無際限に憎しみが連鎖していきます。この状態は不安と敵意に満ちており、脆《もろ》く危険な状態です。したがって、自我が確立されるためには鏡像だけでは足りません。鏡像だけでは、双数＝決闘的な関係の泥沼に陥ったままになってしまいます。それが平定されるためには、更なる《他者》の存在が必要となるのです。

## 他者から《他者》へ

ここで、二種類の「他者」を区別しなければなりません。それは他者と《他者》です。違いが分かりにくいですが、前者は〈autre〉の訳で、後者は〈Autre〉の訳です。原語において大文字で書かれている方を二重ヤマ括弧に入れて「《他者》」と表記しています。口頭だと区別がつかないので、前者を「小文字の他者」、後者を「大文字の《他者》」と言う場合もあります。

小文字の他者とは自分と同じレベルにある他者です。先述した、自我のイメージとなる鏡像をはじめ、例えば友人、兄弟、同僚などは他者の範疇《はんちゅう》に位置づけることができます。それは、自分とは異なる存在であるものの、しかしイメージの水準で自分と入れ替わってしまう可能性がある存在です。

他方大文字の《他者》は、小文字の他者を超越する絶対的な《他なるもの》を指します。例えば、子供にとっての親や先生、大人たちは明らかに自分と同じ水準にはありません。大人にとっての王様や神様も同様でしょう。それゆえ、親や先生、王や神が《他者》のように機能することもあります。

しかし、本来それらはあくまで《他者》の代表者に過ぎません。つまり《他者》そのものではなく、それを体現する存在でしかないのです。《他者》そのものは人間を超えたものであり、小文字の他者同士の関係性を統御するための〈法〉をもたらす存在を指します。

小文字の他者同士の闘い《デュエル》には終わりがありません。どちらかが勝つまで続きます。そして唯一の勝利の条件とは、どちらかの存在が消滅すること、つまり死ぬことです。もしあらゆる人間関係がそうしたものだったとすれば、世界は修羅道同然になってしまうでしょう。「力こそがすべて」の世紀末的な世界です。

しかし人間道の住人である私たちは、他者同士の決闘《デュエル》以上の何かを持っています。それが〈法〉、つまりルールです（124頁参照）。このルールがあるからこそ、どちらかが死ぬ前に決闘が調停されることが可能になるのです。

例えば一つの殺人が起きたとします。そこで〈法〉がなければ、「復讐のために被害者の遺族が犯人を殺して、今度は殺された犯人の遺族が被害者の遺族を殺して、今度は……」という際限のない殺し合いが続いてしまいます。しかし裁判において、判事が「被告を○○という刑に処す（ということで手打ちすべし）」という〈法〉を与えることで、《他者》による「赦《ゆる》し」が生み出されます。そのことで殺人の連鎖が食い止められるわけです。

前節で検討した「奇遇」の中にも、片岡鶴太郎が仲本工事と和解する際に「サラリーマンなんて、みんな同じなのかもしれない。同じ時間に家を出て、同じ時間に昼飯食べて、同じ時間に帰ってくる……」という台詞がありました。二人の間の鏡像をめぐる闘争が平定されるためには、「サラリーマンはみんな同じようなものだ」という、《他者》の法則が持ち出される必要があったのです。個人としての二人とは異なる次元にある「社会の定め」のようなものが《他者》として機能し、〈法〉をもたらすことによって、二人の闘いは鎮められました。反対に、こうした《他者》の〈法〉が機能しなければ、闘いは際限なく続いてしまうことでしょう。

## 〈法〉・《他者》・言語

《他者》は〈法〉をもたらすという点から分かる通り、大文字の《他者》とは象徴的なものだと言えます。他方、小文字の他者は想像的なものです。前述の通り、象徴界は想像界を統御するものであり（122頁）、ここでもやはり象徴的な《他者》の〈法〉が自我と想像的他者との間の双数《デュエル》＝決闘的な関係を平定するわけです。

象徴界は言語の世界であるとも述べました（115頁）。しかるに言語の世界とは〈法〉の世界でもあります。それゆえ《他者》が象徴的なものならば、言語は《他者》の場であるということになります。

こんな理屈をわざわざ弄《ろう》さなくても、《他者》の世界が言語の世界であるということはわかります。当然ながら人は生まれた時から言語を使えるわけではありません。生まれて間もない赤ちゃんには、言語を話す年長の子供や大人たちは、自分とは全く《他》なる存在だと思われることでしょう（〈autre〉には形容詞として「他の」「別の」という意味があります）。

私たちは、「自分では何だかわからない音の列（まだ言語としてすら認識できていないもの）を一方的に聞かせられる」という受動的な状態で言語と出会います。しかし幼児が成長していくと、それまで聞かせられる（あるいは言わされる）ものでしかなかった言葉を能動的に喋れるようになります。

そのためには、自分の中に刻み付けられた「《他》なるものとしての音の列」を一つの「言語」として把握し、その決まり事（＝〈法〉）を体得することが必要です。最初はなかなか上手くいかなくても、そのうち幼児が順調に言葉を喋れるようになると、もともと《他》なるものであった言語を「自分の言葉」として自然に使えるようになります。

そうなると、言語がもはや《他》なるものではなくなったように感じられるでしょう。しかしそれは、幼児の世界が根本的に《他》なるものになってしまったからです。《他》

なるものの中にいるからこそ、それが《他》なるものだということが見えないのです。部屋の中にいる時にはその暑さに気付けず、外に出たときに初めて「あの部屋は暑かったんだな」とわかるようなものです。

幼児は言語を話すようになることで、自分の世界の外に出て、《他》の世界に入ります。理解不能な《他》なるものであったはずの言語世界を、自分の生きる世界にしてしまうのです。言語の世界の中で生きるようになることは、根源的な《他者》の経験です。

## はじめに《他者》ありき

このように述べると、「イメージに支配された鏡像段階（想像界）から〈法〉が機能する言語の世界（象徴界）へ移行することが幼児の発達過程である」というように受け取られてしまうかもしれません。実際、そういった解説がなされていることも多々あります。しかし、ここが面倒なのですが、実はそうした理解は半分しか正解ではありません。

繰り返すように、人間にとって純粋に想像的なものはありません（124頁）。想像界はつねにすでに象徴界によって動かされているのです。したがって、人間はまずイメージの世界で生き、その後で言語の世界に入るのではありません。人間は最初から言語の世界に生み落とされるのです。

生まれたばかりの子供が言葉を喋れなくとも、前述の通り周囲の大人たちは言葉を話し、言語的な世界の中で生きています。だから《他者》としての言語の世界は必然的に子供へ影響を及ぼします。これは単に「大人が子供に言葉を教える」という当然の事実を指すだけでなく、子供は生まれる前から象徴界（《他者》の世界）の中での位置を規定されているということを意味します。

例えば、代々医者の家系に生まれた子供は、多くの場合、将来医師になることを前提として育てられるでしょう。生まれた地域の土着的な文化も子供に大きな影響をもたらします。昔の農村であれば、長男であるか次男であるか、女の子供であるか男の子供であるかで、その子供の将来の運命はすでに決まっているようなものでした。

これは生まれてくる子供にはどうにもできない、誕生以前から《他者》の世界において決められてしまっている規定事項です。家族、家系、生活水準、地域共同体など、人は、個人の力で対処できる範囲を超えた、圧倒的な《他者》の世界の論理（〈法〉）に、生まれた時から（あるいは生まれる前から）翻弄されて生きていくのです。

もちろん、生まれて間もない幼児は、まだそのことに気づいていません。しかし《他者》の隠れた影響はすでに働いています。人はみなこの理不尽な《他者》の世界の規定を受けながら人生をスタートしなければならないのです。

## 《他者》なくして鏡像はなし

鏡像段階もまた、言語の世界の中で展開されるものです。だから《他者》は鏡像段階とも深いかかわりをもっています。しかし言語の世界にきちんと参入していない幼児には、《他者》の働きがまだ分かりません。つまり幼児は象徴的な《他者》の働きを想像的なイメージの水準でしか把握することができないのです。

ここで言う《他者》とは、正確には《他者》の代表者（145頁）のことであり、もっと言えば、それは〈親〉のことです。子供にとって、《他者》と言えばまずは親、つまり自分が最も依存している大人です。子供が鏡に自分の姿を見つけるだけでは、そこで発見される自我はまだ脆弱なものにとどまります。鏡を見る自分の背後に親がおり、親が「これが君だよ」という確証を与えることによって、子供は初めて鏡像と自己を確実に同一視することができるようになるのです。

例えば親がテレビに映ったタレントを指して「この人の喋り方、〇〇ちゃん（子供）に似てるね」と言ったりすると、それが一種の暗示となって、子供はますますそのタレントと同じような喋り方をするようになる、ということがあります。これも鏡像に対する《他者》の「これが君だよ」の一例です（このことは第五章の213頁以下でも語ります）。

鏡像というイメージ的なものは、それだけでは充分に効果（ここでは「自我」の像を与えること）を発揮できません。鏡像が働くためには、象徴的な《他者》がいなければなりません。あくまで親という大文字の《他者》が保証してくれるおかげで、鏡像という小文字の他者が機能するのです。

ここからも「他者の世界から《他者》の世界に移行する」という理解が不適切なものであることが分かります。第一に存在するのは《他者》であり、他者はつねに二次的なものに過ぎません。言語なくしてイメージは機能しないのです。

## 《他者》の不穏さ

ここで、「親」についてもう少し考えてみましょう。

血が繋がっている親であるかどうかにかかわらず、幼児の養育者という意味での〈親〉は、私たちが最初に出会う「《他》なる存在」に他なりません。赤ちゃんにとって、親は自分と根本的に異質な存在であり、そうであるがゆえに親は《他者》一般の代表者となるのです。

というのも親は言語を話す存在だからです。親は赤ちゃんに「おしめを替えましょうね」とか、「どうしてそんなことするの」といったように、言葉で話しかけます。しかし前述したように（147頁）、赤ちゃんには目の前の大人が話している言葉が分かりません。親の言葉は〈謎〉でしかないのです。

しかしながら、養育者としての親は、幼児にとってなくてはならない存在でもあります。生まれてすぐにエサを探しはじめる動物とは異なり、人間は生まれてから数年経つまで、一人では何もできません。ご飯を食べるのも排泄するのも、すべて養育者の手を借りなければなりません。親が世話をやめてしまったら、幼児は死んでしまいます。

ある意味、それは人間という動物の持つ欠陥です。つまり人間は「何を考えているか分からない異質な存在（＝《他者》）に生殺与奪の権を握られている」という、根源的に不穏な状況に生まれ落ちざるをえないのです。

そんな異質な《他者》に鏡の後ろから導かれることで、鏡像という他者のイメージを見出し、そしてそれを「自分」の像として内面化することを通して、初めて自我が出来上がります。《他者》なくして「自分」は存在しないのであり、「自分」の原点にいるのは《他者》なのです。

人間存在というものは、《他者》の経験なくしては考えられません。それはつまり、人間の本質には何か不穏なものがあるということです（この不穏さについては187頁でも「欲求と要請の間のギャップ」として述べます）。究極的に言えば、人間にとって根源的なこの《他者》の不穏さがあるからこそ、精神分析という営みが必要になるのでしょう。

## シニフィアンと無意識の起源

というのも、《他者》なくしては無意識というものを考えることはできないからです。人間に無意識があることと、人間が《他者》の世界の中に生まれてくることとの間には、厳密な因果関係があるのです。

そもそも、なぜ人間には無意識などというものがあるのでしょうか。人間以外の動物には、そんな厄介なものなどありません。無意識は人間がもつ本質に根差した特有の心的領野です。

もちろん、動物が意識せずに行っている行動は沢山あります（そもそも動物に固有の意味での〈意識〉があるのか分かりませんが）。しかしそれらはおおむね本能による導きであって、精神分析的な意味での無意識とは言えません。しかし人間には本能の代わりに無意識が与えられています。

というのも人間は本能の壊れた動物だからです。本能があるということは、自分の内的世界と外部の環境世界とが調和しているということです。自分の存在の中に自然の摂理が書き込まれていて、それに従ってさえいれば生を送ることができます（反対に言えば、本能に逆らって生きることはできません）。しかし人間には本能がありません。なぜなら、人間は自然に対して本質的に過剰なものによって構成されているからです。

そう、この過剰なものこそが〈言語〉です。前述の通り、人間の言語はシニフィアンによって構成されており、そしてシニフィアンは物質世界に直接的な指示対象をもっていません（117頁）。シニフィアンは他のシニフィアンと連鎖することによってのみ意味作用を働かせられるのであり、そこから物質世界とは異なった「言語の世界」が作られます。この言語の世界は、まさに自然に対する過剰によって構成された世界です。

このように定義される言語を持った人間だけに、無意識というものが生まれます。だから無意識は言語的なものであると考えなければなりません。

## 主体の誕生

ある意味で無意識とは「人間の証《あか》し」と言っても過言ではありません。なぜなら無意識とは、「人間は生まれるや否や言語という《他者》の世界に投げ出され、根源的な不調和を抱えた状態で生きざるをえない」という条件があってこそ生じるものだからです。

幼児が言語の世界に入ると、自我が生まれると同時に、自我とは相容れない何かも生まれます。勘の良い方ならお分かりでしょう。「自我とは相容れない何か」とは、まさに主体です（75頁）。無意識の主体は、言語の世界への参入によって誕生するのです。

主体が実体を欠いており、こう言ってよければ、世界の中での居心地悪さそのものを表しているということは前述しました（88頁）。その起源は、《他者》の世界への参入が生み出す分裂にこそあります。この根本的な不調和、相容れなさがあるからこそ、人間には無意識の主体という厄介なものが存在しているわけです。

《他者》の世界への参入によって主体が誕生する以上、主体はシニフィアンの主体であると言うことができます。《他者》の言語的世界に入る前の乳児は、固有の意味では「主体」と呼ぶことができません。人が主体になるのは、《他者》からシニフィアンを刻まれ、シニフィアンの連なりによって構成される言語世界の中で生きるようになった後のことです。だから主体は根本的にシニフィアンによって規定されているのです。

このように主体は《他者》があって生まれるものであり、ある面において、主体は《他者》の世界が生み出す効果だと言えます。しかし別の面において、主体は《他者》の領野を逸脱しています。なぜなら、無意識の主体は《他者》の世界の中に生きることとそれ自体の不調和、居心地悪さによって生まれるものであり、つまり無意識とは人間が《他者》を完全に受け入れたわけではないことの証拠だからです。以上を一言で表せば、「**《他者》がなければ主体はない、しかし主体は《他者》ではない**」とまとめられるでしょう。

それでは、《他者》の世界における不調和の表れである無意識は、いったいどのように機能するのでしょうか。

## 無意識は《他者》のシニフィアンの集積である

私たちは日々《他者》に話しかけられ、さまざまな言葉（シニフィアン）を受け取っています。しかしこれらのシニフィアンの中には、時として二度と聴きたくもないシニフィアンや、理解できない不穏な〈謎〉を残すシニフィアンが含まれています。私たちは、こうした受け入れがたいシニフィアンを早く忘れようとします。

しかし、実際に何かを完全に忘れるということは不可能です。なぜなら、一旦忘れても、そのシニフィアンは無意識の中に移動するに過ぎないからです。

このように、何らかのシニフィアンを意識から追い出し、無意識の中に捨て去るプロセスを抑圧と呼びます（後述164頁）。無意識は抑圧されたもろもろのシニフィアンによって構成されています。だから無意識とは《他者》から受け取ったシニフィアンの集積だと言えるでしょう。主体の無意識を構成しているのは《他者》であり、ラカンはそのことを「無意識は《他者》の語らい《ディスクール》である」と表現しています。

言語の世界への参入によって無意識の主体が誕生すると先ほど述べましたが、それは、この瞬間にいわば無意識の器が生み出されるということを意味します。無意識の主体が誕生する時は、主体と《他者》との間の分裂が生まれる時でもあります。[*3] 主体になる前の幼児の中に《他者》が侵入することで幼児の世界が引き裂かれ、そこで開いた裂け目が、無意識的なシニフィアンが貯蔵される容器になります（88頁参照）。いわば雷が落ちて空いた穴に雨水が溜まっていくようなものです。

このように無意識がシニフィアンによって構成されている以上、無意識はシニフィアン

＊3　無意識の主体は《他者》の世界における居心地悪さそのものの結果であると述べましたが、このような居心地悪さがあるのはつまるところ《他者》が《他者》であるから、**つまり自分の住処である《他者》の世界がいつまでも異質であり、謎を残しつづけるからです。**

他人の家に泊まるときは、相手とどれほど親密であってもやはりどこか遠慮してしまい、自分の家ほどには居心地がよくないものです。家に帰ったときはほっとするでしょう。しかし、《他者》の世界に生きる人間には自分固有の家がなく、もはや帰る場所を失っているので、いつまでも《他者》の家に居候しつづけるほかありません。

だから世界にはつねに居心地悪さが残ります。しかも気の置けない友人の家に厄介になる場合とは異なり、この家の主である《他者》は完全にフレンドリーではないのです。それゆえ**間借り人である〈私〉と主人である《他者》との間には埋められない溝が残り続けます。**これが「自己と《他者》との間の分裂」と本文で述べているものです。

そしてこの自分の下宿を構成している《他者》の中で出会う謎のシニフィアン、「私が知ることのできなかったもの」が無意識を構成します。仮にこの〈謎〉がなくなれば、おそらく無意識もなくなり、《他者》の世界での居心地悪さも消失するでしょう。**しかしそのときには、主体は《他者》と完全に融合し、もはや主体も《他者》もなくなってしまうでしょう。**それがすなわち、主体と《他者》との間の分裂がなくなるということです。

の〈法〉に従って動かされていると言えます。

この「法」は「文法」のような意味だと捉えてください。つまり、無意識はただの混沌《カオス》ではなく、言語的な構造を持っており、そこでは一定の規則が機能しているのです。前述の通り、これは無意識を混沌として捉える自我心理学とラカンとの一番の違いです（73頁）。しかし自我は無意識的なものを抑圧し、その〈法〉を見ないことにしています。そして無意識の〈法〉を無視《メコネットル》しようとするがゆえに、想像的なイメージの世界に騙されてしまいます。そうであれば、精神分析の目的は、イメージの背後で作用する無意識の〈法〉を明らかにするように患者を導くことと言えるでしょう。

### ある症例

少し抽象化が過ぎました。この議論をより具体的に把握していただくために、一つの症例を挙げてみましょう。これは実際にあった症例というわけではありませんが、決してリアリティを欠いたものではありません。

彼女は一つの思い出に苦しめられていた。情景は悪夢となって繰り返し襲い、その度に彼女は眠りを妨げられた。分析の場においても、気づけばまたその思い出を話し始めていることに気づき、当惑した。

その思い出の光景は、汗ばむ男たちが打ち付けるハンマーの音とともに始まるのだった。高校生の頃、彼女は工事現場の近くを通りかかったことがあった。巨大な扇風機が粉塵を巻き上がらせる中、彼女は、労働者たちが自分に視線を向けているように感じ、悪寒を覚えた。彼女は、自分がなぜこんなにも不気味に思うのか分からず、困惑した。そのまま家に帰ると、食事をする力もなく、寝床に倒れてしまった。翌日、高熱が出た彼女は、学校を休まなければならなかった。このエピソードは、決して忘れることのできないものとして彼女の記憶の中に留まった。

彼女は、なぜこんな些細な思い出が自分を苦しめるのだろうかと自問した。労働者の視線を感じたというだけのことが、なぜこんなに不快に感じられるのだろう？　彼女の分析は、この一つの問いによって舵を取られていた。

分析家は沈黙を守った。苛立ちのあまり、なぜあなたは答えてくれないのかと、分析家に詰問したこともあった。しかしそれでも、望んでいる解決は訪れなかった。

事態は、ある日のセッションにおいて急速に動き出した。その日彼女は、いつものように、またその記憶を語りはじめた。「なぜ、あんな人夫《にんぷ》の視線なんかで……」と彼女が言った時、分析家はただ「人夫？」とだけ聞き返した。すると彼女の脳裏に閃光が走り、にわかに次のような思い出が浮かんできた。

それは、彼女の妹の誕生にまつわるエピソードだった。彼女の母は働き盛りで、毎日自分は母の一番の愛の対象だと思っていた。彼女は母親を尊敬していた。母娘の関係は良好で、自分は母の一番の愛の対象だと思っていた。在宅業者の父はほとんどの家事を任されており、自分の妻に対して、いつも控えめだった。「私は父親というものが何だか分からない……お父さんは弱い人だったから」と彼女は言っていた。彼女と父の関係は、親子というより友人に近いものだった。

しかしある時母親は、長期休暇を取ったことがあった。二番目の子供を孕み、産休に入ったのである。幼い彼女は、なぜ母のお腹が大きいのか、そして、なぜ母がずっと家にいるのか分からず、父に問いかけた。すると父は「母さんは妊婦《にんぷ》だから、体を大事にしないといけないからね」と返答した。

幼い彼女にはその言葉の意味が分からなかった。それでも幼心に「妊婦」というシニフィアンが記憶に刻まれた。潜在化していたシニフィアンは、工事現場での出来事において、再び姿を現すことになった。この二つの出来事を結び付けていたのは、「ニンプ」という一つのシニフィアンだった。

このシニフィアンは、享楽と存在の問いに結びつけられていた。母親が妊娠している間、家族の関心は生まれてくる第二子に注がれ、彼女は置き去りにされたように感じたものだった。彼女にとって妹の誕生は、母の愛という享楽的な対象を失うことを意味していた。

「人夫」のシニフィアンを構成する「夫」の文字《レットル》は、彼女に、友達のように思っていた父親があくまで「男」であったことを実感させた。父親はただ「弱い人」ではなく、人の夫として、彼女の母を妊娠させる能力《ポテンシャル》を持っていたのである。自分の父親を不能《インポテンツ》なままにしておくという空想の試みは、母の妊娠というエピソードによって無効になってしまった。それは父が母から愛される「能力」を持っているという事実を認めることだった。母が愛しているのは自分だけではない、彼女は父を愛し、自分には与えてくれないものを父に与えているという事実は、彼女にとって受け入れがたいことだった……。

## シニフィアンの戯れ

いささか出来すぎた話ではありますが、実際、分析においてはこうした不思議な現象が起こるものです。

この症例で重要なのは、「ニンプ」というシニフィアンの働きです。彼女が繰り返し辛い思い出を語っても、分析家は何も反応を示しませんでした。しかし「ニンプ」という耳慣れない言葉が出た時に、初めてそれを聞き返します。そこから、彼女は、それまでは決して話さなかったようなエピソードを話しはじめます。これはまさに第二章でお話しした〈もっと他のこと〉だと言えるでしょう（67頁）。

繰り返すように、シニフィアンは直接指示対象と結びつくものではありません（117頁）。

「ニンプ」というシニフィアンは、他のシニフィアンとの結びつきによって全く意味作用が変わってしまいます。場合によって、それは「妊娠している女性」を指すこともあれば、「肉体労働者」を示す古い言葉になることもあります。

こうしたシニフィアンの性質を踏まえていないと、無意識に辿り着くことはできません。つまり分析家が彼女の辛い思い出に共感を示しつつ「あなたは野蛮な労働者たちに襲われるのではないかと恐怖したのです。これは処女不安というもので……」などという「精神分析」的な解釈を与えてみても、何も生まれはしません。そうした解釈は、工事現場の思い出に対する彼女のイメージしか視野に入れていません。つまり想像的なものしか扱っていないのです。

しかし無意識は、想像的なものとは別に、あくまでシニフィアンの〈法〉に従っています。ですから分析家は、出来事に対する彼女のイメージ的な記憶ではなく、「ニンプ」というシニフィアンを相手にしました。そこから、シニフィアンの戯れに従って、抑圧されていた記憶が蘇ることが可能になったのです。

## 意味からシニフィアンへ

「シニフィアンの戯れ」などという厳《いか》めしい言葉を使いましたが、これは日常的には「ダジャレ」や「言葉遊び」と呼ばれるものと近しいでしょう。

日常会話の中で、相手の意味を聞かずに言葉遊びに終始するのは良くないことです。「彼の死は悲しい……私は彼が作るカレーが大好きでした」と言った時、「あなたは華麗《カレー》な人ですね」などと返されたら普通は憤慨するでしょう。自分がどういう意味を込めてカレーの話をしたのかが、全く伝わっていないのですから。

しかし分析家は、ある意味でこのナンセンスなギャグのようなものを追求します。「意味」とは想像的なものであり（115頁）、その扱いに終始していれば、想像界の罠に囚われるだけです。だから分析家は、一見意味のないものに見えるシニフィアンのつながりに注目するのです。

私たちは普段、言語を意味によって捉えています。それは言語をイマジナリーに捉えているということです。しかし分析の場においては、言語を意味によって使用することを中断し、言語のシニフィアン的な性質が現れることが目指されます。そのためには、意味の中に囚われるのではなく、むしろ意味の外にあるシニフィアンの作用に注目しなければなりません。

第二章で語った「分析家の解釈は意味を与えるものではない」という原則（52頁）が意味するのは、以上のようなことでもあります。分析家は意味を切り、あるシニフィアンを、それまでとは異なる別のシニフィアンとのつながりへと開くことによって、〈全く新たなもの〉を出現させようとするのです。それこそが無意識的なものの発現です。

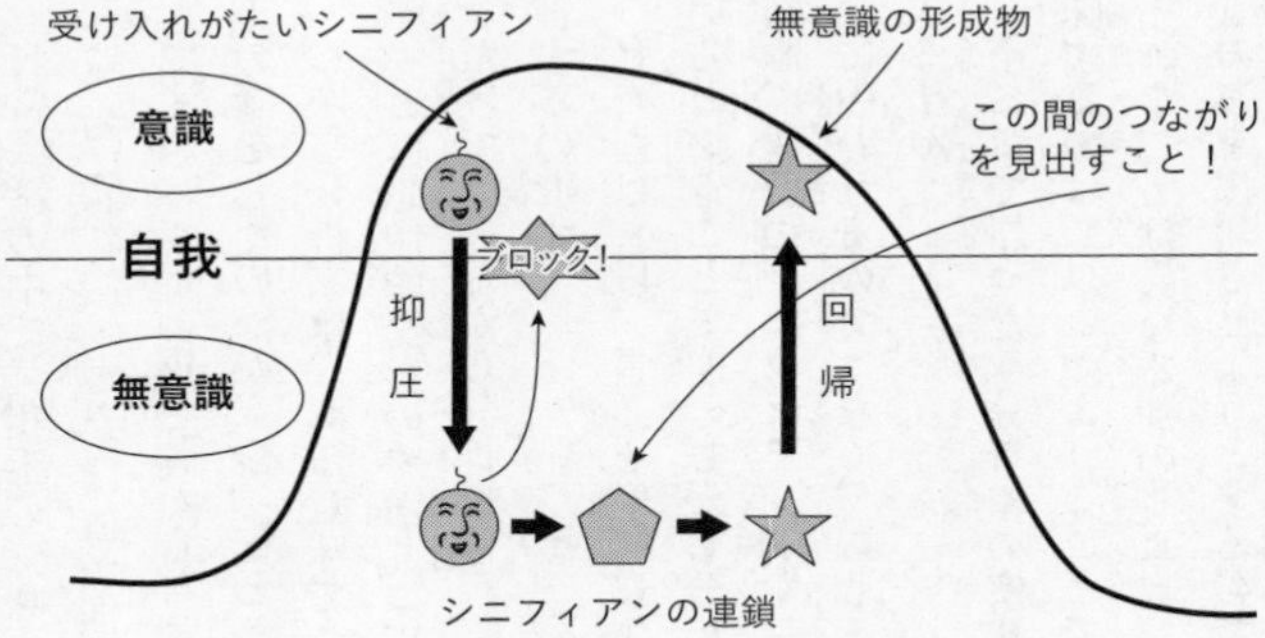


図8

## 抑圧されたシニフィアンの回帰

今度はまた別の視点から無意識のシニフィアン性について考えてみたいと思います。これまできちんと定義せずに使っていた「抑圧」のメカニズムについて、より詳しく解説してみましょう。*4

まずは図8を見てください。水平線を挟んで上を意識の領域、下を無意識の領域としましょう。二つの領域の間には自我があります。自我はもろもろのシニフィアンに対して検閲を行い、都合の悪いシニフィアンを無意識の領域に仕舞っておこうと努めます。

さて、何らかの出来事が起き、主体がそこで受け取ったシニフィアンがその人の自我と相容れないものだったとします。すると自我はそのシニフィアンを忘れたことにします。これが「抑圧」です。抑圧とはシニフィアンを意識の領域から追い出すことであり、意識の中から追い出されたシニフィアンは無意識にストックされます。無意識はいわばシニフィアンの貯蔵庫《ストレージ》です。

ここで重要なのは、抑圧されたシニフィアンには「揚力」のようなものがあり、再び意識の領域に浮かび上がって来ようとするということです。しかし自我は番人のように働いて、このシニフィアンを通そうとしません。抑圧されたシニフィアンは門のところでブロックされてしまうのです。

ここで思い出していただきたいのが、源頼朝《みなもとのよりとも》の怒りを買った義経《よしつね》一行が安宅《あたか》の関《せき》を越える時に何をしたかということです。彼らは山伏に変装して、何も書いていない巻物を勧進帳のごとく読み上げることで門番を騙し、関を越えました。そう、番人にブロックされるとしても、番人に気づかれないように変装すれば、門を通り抜けられるわけです。

抑圧されたシニフィアンもそれと同じことをします。無意識は自我の監視の目が届かない領域ですから、そこでは、シニフィアンの戯れに従って、あるシニフィアンが別のシニフィアンへとずれつづけます。つまり抑圧されたシニフィアンが、何らかの関連する部分をもった他のシニフィアンに姿を変えるのです。上の症例において、「妊婦」というシニ

＊4　ちなみに、ここからの議論は「シニフィアン」を「（心的）表象」に変えれば、フロイトにもそのまま当てはまります。

フィアンは、同じ発音をもつという点で関連する「人夫」という別のシニフィアンへと姿を変えました。これはまさに無意識におけるシニフィアン作用の好例です。

抑圧されたシニフィアンが移り変わってしまうと、自我はそのシニフィアンが抑圧されたシニフィアンとつながっていることが分かりません。それゆえ、安宅の関を守っていた富樫左衛門《とがしのさえもん》のごとく、そのシニフィアンが意識の領域へ侵入することを許してしまいます。これを抑圧されたものの回帰と言います。

## 無意識の形成物——夢解釈について

抑圧されたシニフィアンが形を変えて回帰することにより生まれるもの全般を無意識の形成物と呼びます。再び先ほどの症例（158頁）を参照すると、工事現場にまつわる記憶がこの無意識の形成物にあたります。

自由連想の中で、抑圧されたシニフィアンそのものが口に出されることはまずありません。だから精神分析において目指されるのは、無意識の形成物を手掛かりにして、形成物が表現するものと抑圧されたシニフィアンとの間の結びつきを回復させることです。

無意識の形成物にはさまざまなものがあります。先の症例のように強迫的な記憶の姿をとることもありますし、身体症状としても現れます。「あの時「一歩踏み出す」ことができなかった」という記憶が抑圧されると、文字通り足が痺れて動かなくなり、物理的に一歩も踏み出せなくなる――というようなこともあります（こうした身体症状はヒステリーと呼ばれます。精神分析はこのヒステリーの治療法としてスタートしました）。

　そしてもっとも有名な無意識の形成物が夢でしょう。寝ている時は自我の検閲の働きが弱体化し、夢という形で無意識の形成物が出てきやすくなると言われています。フロイトは「夢とは無意識への王道である」と考え、夢の無意識的メカニズムを論じた『夢解釈』（一八九九年）という本を書きました。同書は精神分析理論が確立された記念碑的な一冊として知られています。

　ただしここで念頭に置かなければならないのは、夢は無意識をそのまま伝えるものではないということです。**夢の内容**はあくまで表面的な結果に過ぎません。夢の内容は、無意識的な**夢の思考**（その正体は何らかの充足されなかった願望です）が特定のメカニズム（夢作業と呼ばれます）を通じて歪曲された結果できあがるものです。

　夢は奇妙で意味不明なイメージの連なりに見えますが、それはあくまで表面的なものです。夢の内容を構成するイメージは、シニフィアンのメカニズムに従って造り出されています。だから夢は象徴的に捉えられなければなりません。夢のイメージだけを云々していても精神分析的な夢解釈にはならないのです。

　例えば「掌に蝶々が止まった」という夢を見たとして、「蝶は妖艶さの象徴であり、その人が、自分の女性的魅力を露わにしたいという願望が見られる」といった意味を見出すことが夢解釈であると、一般的にはイメージされています。しかしこの印象は正しくありません。

むしろ精神分析の夢解釈に近いのは、「掌に蝶が止まる。テにチョウ。テ、チョウ。つまりこれは手帳のことだ」というようなものです。そう分析することによって、例えば、「百貨店で見つけた素敵な手帳を買いたかったけど、自分には釣り合わないかなと諦めてしまった。本当は欲しかったのに」という願望の不充足が、「手に蝶」という夢の形で現れたのだとわかります。この人が夢の分析を通じて以上のようなことを明らかにすることで、「素敵な手帳を買いたい」という願望が自分にとって思いのほか重要だったこと、にも拘らずその実現を拒む無意識的な動きがあることが浮かび上がってくるでしょう。

夢解釈においては、イメージはシニフィアン的に解釈されなければなりません。夢に限らず、これは精神分析の鉄則です。

なお、こういう謎々をもっと知りたい人は「判じ絵」について調べてみてください。

## 〈法〉に関する主体的な変化

しかし、ここで根本的な疑問が浮上して来ざるをえません。

それは「無意識の形成物と抑圧されたシニフィアンとのつながりが見出されたところで、何か良いことがあるのか」という問いです。

通俗的な「精神分析」であれば、こう答えるでしょう――人は無意識に圧倒され、苦しんでいる。しかし精神分析によって無意識のメカニズムが明らかになり、抑圧されたものが判明することによって、無意識は意識化され、消え失せる、と。しかしこれは「無知なものに知の光が当てられれば解決がもたらされる」という、あまりに主知主義的な考え方です。人間が知の力をそれほど信じられない現代において、これはあまりに単純《ナイーヴ》な発想でしょう。

もちろん、精神分析にはそうした面もあります。抑圧されたシニフィアンが明らかになることで、自分が本当に何を考えていたのかが分かり、自分がそれまで否認《メコネットル》してきた「もっと正直な自分」を発見できるということは、確かに重要です。やはり人間にとって知はそれなりの力を持っているもので、知らないよりは知っている方が断然良いからです。しかし、こうした発想だけでは不充分です。

では、どう考えれば良いでしょうか。とりあえずは、「**抑圧されたシニフィアンが発話によって認められることで、無意識の〈法〉との関係が変化する**」というのが答えになりそうです。

無意識のシニフィアンは、なにがなんでも意識に上って来ようとします。そのためには手段を選びません。症例中の「彼女」の自我が、工事現場の思い出に深く苦しめられることになっても、抑圧されたシニフィアンは再び現れようとして止まないのです（シニフィアンがつねに自分の目的地を目指すことについては、175頁の「アンコール2」で詳しく論じます)。

しかし精神分析の臨床の中で抑圧されたシニフィアンが患者の口に出されると、シニフィアンは自らの目的を果たします。このことによって無意識の〈法〉に関する変化が生じ、このシニフィアンにまつわる悩みは消えてくれるわけです。

もちろん無意識の〈法〉自体は存在しており、今度はまた別の抑圧されたシニフィアンが問題となります。ですから一つの症状や悩みが消えても、新たな問題が現れてきて、まだまだ分析治療は終わらないのです。

そうであれば、精神分析はいつまでも終わりなく続いていくのでしょうか――これは難問です。分析の終結については、終章でまたお話ししましょう。

## 発話が治療手段になる

「無意識の意識化」にせよ、「無意識の〈法〉との関係の変化」にせよ、どちらも言っていることはそう変わらないとお思いでしょうか。

しかし後者の考えを採用してみると、必ずしも無意識を意識化しなくてもよいということになります。つまり「私はお母さんが妊婦になった思い出を忘れたいと思っていました。でもそれが人夫への恐怖として回帰したのです」という、私たちが上で行ったような説明を分析主体自身が行えるようになる必要はないのです。

必要なのは、抑圧されたものの言語化を通じて無意識の〈法〉に関する主体的な変化があることです。自我とは違った主体というものがふと明らかになるだけで、苦しみは緩和されます。なぜなら、そこで患者は自分に書き込まれた〈法〉を見出し、〈法〉との向き合い方を更新できるからです。

だからたとえ彼女が「お母さんのことを喋ったら楽になった……なぜだろう」などと思っていても大丈夫なわけです。実際に精神分析を受けていると「なぜか心が軽くなった」と不思議な思いをすることが多々あるでしょう。しかし目には見えなくても、そこでは何か〈法〉との関係における主体的な変化が生じたのです。

上の症例において、こうした主体的な変化は、彼女が分析の中で「妊婦」の思い出を自ら口に出すことによって生じました。〈法〉に関する変化は、このように「口に出すこと」、つまり発話《パロール》を行うことによってしか生じません。精神分析の治療手段は、患者が抑圧されたものを発話することそのものです。

分析では、発話という行為が精神医療における向精神薬などの治療手段に相当するのです。患者は抑圧された真理を話すことそれ自体によって治るのであって、無意識的なものを意識化することによって治るのではありません。だから仮に分析家が患者の無意識的なものを代わりに教えてあげても、それは治療効果をもたらしはしないでしょう。

自分の話していることが分からなくても問題はありません。話すことそのものが治療の

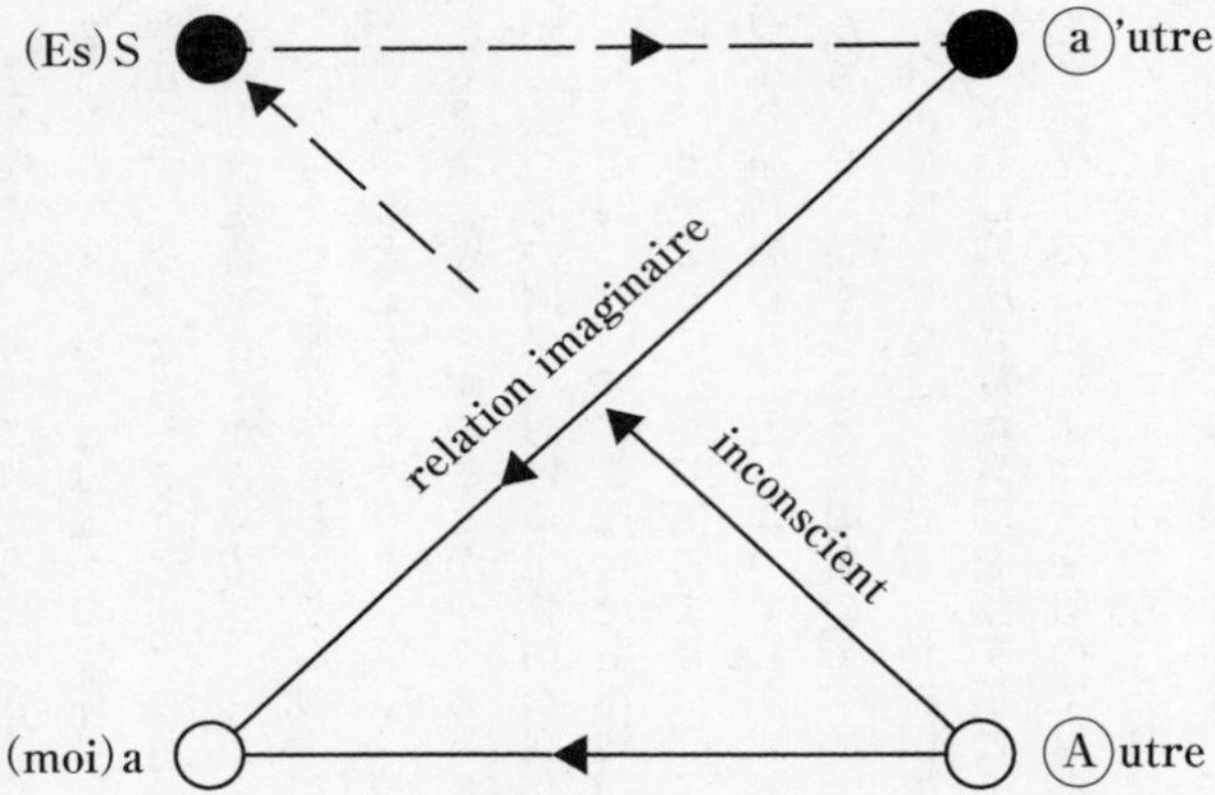


図9

道具です。だからこそ、患者は自由連想を通じて、全てを口に出さなければならないのです（53頁）。

## まとめ――シェーマLについて

本章の議論のまとめに代えて、最後に図9を見ながらシェーマLについて解説してみましょう。

図9の左上の「S」は主体を表わします。右上の「a'」は他者（autre）のイメージで、左下の「a」は自我（moi）です。「S」から「a'」を通って「a」に向かう矢印は、他者のイメージを通して自我が成立することを意味します。

つまりこれは鏡像段階を表わしています。主体（S）から自我（a）へ、直接には線が伸びていないことに注意してください。

自我（a）は他者（a'）のイメージがなければ成立しないのです。

自我（a）は大文字の《他者》（Autre）からの矢印にも接していますが、これは自我が他者だけではなく《他者》にも支えられていることを示します。

a→a'の軸は想像的関係（relation imaginaire）を指します。想像的関係とは、まさに鏡像段階によって成立するものです。しかしこの軸はA→Sの軸に割り込んでいます。そのため、《他者》（A）からの無意識（inconscient）のメッセージが主体（S）に届いていません（破線になってしまっています）。

これは、想像的関係に囚われると象徴的な無意識が覆い隠されてしまう（抑圧されたままになる）ということを意味します。したがって、精神分析が目指すのは**Aからのメッセージが**Sに**届くこと**です。そのことによって無意識のシニフィアンは目的を遂げ、〈法〉との新たな関係が生まれてくることでしょう。

さて次章では、ここで説明した想像界と象徴界の関係をもとに、より深いテーマを考えていきたいと思います。それは**エディプス・コンプレクス**の問題です。

人は鏡の中に自分の像を見出すことによって自我を獲得しますが、それは《他者》の支えの下に行われます。具体的には、親が《他者》の代表者となって鏡像と子供の同一性を保証するのですが、この親とは何者でしょうか。なぜ親は《他者》の代表者として機能するのでしょうか。そして親という《他者》は子供を完全に庇護し、無限に愛を与える万能の存在なのでしょうか。

この疑問を解決するためには、エディプス・コンプレクスの問題に正面から向き合わなければならないでしょう。

## 【アンコール2】手紙は必ず宛先に届く

初めに、ある一つのジョークを紹介しましょう。

一九七七年七月七日に七人兄弟の第七子として生まれたマイケルは、一七歳の誕生日パーティの最中、友人から、その日の競馬の第七レースの七枠に「セブンオペラ」という馬が出走する予定だと聞かされた。その馬は七歳で、体重は七七七ポンドだった。

運命的なものを感じたマイケルは、預金をすべて引き出し、その馬に有り金を賭けた。

結果は七着だった。

このジョークはある種の真理を突いているように思われます。それはいったい何でしょうか。一言で述べれば、このジョークは無意識の〈法〉が、人間の意志や感情と関係なく、自らの目的を遂げようとする姿を表わしています。

七尽くしのマイケルがセブンオペラの出走を知った時、彼は「これは神様が僕にくれた誕生日プレゼントだ」と思ったことでしょう。だから彼は、馬が一着になると信じて疑いませんでした。

しかし「七」の〈法〉にしてみれば、そんなマイケルの想像界（ここでは信念のこと）などお構いなしに、あくまで「七にまつわる出来事を起こす」という〈法〉を徹底したのです。そのことでマイケルに益がもたらされるかどうかなど、全く勘定に入れられていませんでした。このように、象徴界の〈法〉は、想像界に対してあくまで超越的であり、想像界の事情など顧慮しないのです。

第四章で〈法〉の説明をした際、もしかしたら、〈法〉がなにやら理性的なものであるようなイメージを与えてしまったかもしれません。「理性的な〈法〉が、感情的な他者同士の双数《デュエル》＝決闘を調停する」というふうに理解してしまった方がいるかもしれません。

しかしシニフィアンの〈法〉は、自らの規則《ルール》を闇雲《やみくも》に貫徹しようとするもので、時に不条理にすら見える何かです。

象徴的な無意識は独立し、一貫しており、自らの〈法〉の実現のためには手段を択びません。したがって、時にそれは破壊的な性質を持つこともあります。

これをラカンの言葉を使って言ってみると、「手紙＝文字《レットル》はつねに宛先に届く」ということになるでしょう。

これはラカンが『フロイト理論と精神分析技法における自我』（一九五四—五五年）

という講座《セミネール》で展開したエドガー＝アラン・ポー論（後に改稿されて論文集『エクリ』（一九六六年）に収録）の締めくくりの言葉ですが、ここで「手紙＝文字《レットル》」はほぼシニフィアンと同じ意味で用いられています。つまりシニフィアンは何があろうとそれが目指している目的地《あてさき》に着くということです。

このテーゼが主張しているのは象徴界の徹底した一貫性です。象徴界の〈法〉は、どんな時でも自らの目的を果たそうとします。自我が抑圧によってシニフィアンの動きを妨害しても、抑圧されたシニフィアンはつねに無意識の形成物として姿を変え、失錯行為のような形で、自らの目的を果たす――つまり「つねに宛先に届く」のです。抑圧されたシニフィアンがそのまま失われてしまうことは決してありません。どんな形に姿を変えても、それはまた現れ、自らの存在を認めさせようとします。

これは精神分析の言葉では反復強迫と呼ばれます（71頁参照）。人は繰り返しの中で人生を生きており、何度後悔しても同じ失敗を繰り返してしまうものです。とりわけ恋愛において、人は毎度「この人はこれまでの連中とは違う。何か新しい人生が開けるかもしれない」と思うものですが、気づけばしっかり従来の恋人と同じような破局に陥ります。

こういった「自分の意に反する不幸の反復」から抜け出せない大きな理由の一つは、抑圧された何らかのシニフィアンが繰り返し「自分の存在を認めろ」と主張しつづけるからです。

私たちは同じ失敗が嫌になり、二度と繰り返すまいとしても、結局同じことをやってしまうものです。それはシニフィアンの〈法〉があくまで厳然と目的――自らを認めさせること――を遂行するからだと言えます。それを認めることから逃げ出しても、ふとした拍子に、事故のような形で、必ず戻ってきてしまうのです。

この苦しみは、精神分析の場において、抑圧されたシニフィアンが取り上げられ、〈法〉に関する主体的な変化が生じる（169頁）まで続くことでしょう。それはつまり、〈法〉の中の反復強迫を発話によって明るみに出し、主体が自らの足でこの反復から脱出するということです。

＊＊＊

と、言いつつ、自分で自分に水を差すようですが、この議論は典型的に五〇年代ラカン的なものです。六〇年代に入って現実界が考慮に入れられるようになると、象徴界の一貫性は否定されます。象徴界には現実界という穴が開いており、「手紙が必ず届く」ようなものとは言えなくなるのです。

しかし、それを語る前に、まずはエディプス・コンプレクスに関する議論に耳を傾けることとしましょう。

# 第五章　〈父〉はなぜ死んでいなければならないのか
## ――エディプス・コンプレクスと欲望

精神分析において扱われる症状や心理的なトラブルは実にさまざまです。一つの問題が解決されても、大抵別の問題が浮上してくるものです。分析を行った結果、悩みがより混乱していくこともあるでしょう。そのうちに、いったい何が一番の問題なのか、余計にわからなくなってしまうかもしれません。

精神分析の理論と臨床を確立させていくにしたがって、フロイトは、分析の中で扱われる多様な心理的問題の中で最も中核的なものは何かを考えていきました。

その末にフロイトが辿り着いた、精神分析にとっての「中核となるコンプレクス」がエディプス・コンプレクスでした。

エディプス・コンプレクスが何かを意味するかについては後にじっくり解説しましょう。とりあえずここでは、「患者が自分の両親（特に父親）に対して抱く複雑な観念・感情の複合体」と理解してください。「コンプレクス」とは「複合体」「複雑なもの」という意味です。[*1]すべての分析は最終的にエディプス・コンプレクスを巡る問題に帰着する、とフロイトは考えました。

このフロイトの判断が正しかったかどうかは措くとして、しかし大半の患者にとって親子関係が分析上の最重要のテーマになるということは肯《うなず》けます。なぜなら、前章でさんざん語ったように、主体は《他者》の世界の中で生み出されるものであり、親は最初に出会う《他者》の代表者であるからです（150頁）。

フロイトと同じく、ラカンもまたエディプス・コンプレクスの問題を重要視しました。しかし彼はフロイトの議論をそのまま受け継いだわけではありません。ラカンは、フロイトが「エディプス・コンプレクス」の名の下で探求したものをより形式化して考えました。フロイトが用いている「父親」や「母親」、さらに「去勢」や「ペニス」という言葉についても、それらのイメージや現実的な指示対象ではなく、あくまでシニフィアンとしての機能を問題にしました。

一言でいえば、ラカンは、フロイトが語るエディプス・コンプレクスを「幼児が《他者》の世界の中に投げ出されて、主体としての存在を確立していく過程の記述」として解釈し、その論理的な構造を捉えようとしたのです。基礎として存在するのは、「《他者》の中での主体の形成」という構造的な運動です。分析の中でエディプス・コンプレクスがテーマとなる際に患者が語る（またフロイトもそのまま用いている）「父親」「母親」「ペニス」

などの観念は《他者》の世界における主体形成過程をイマジナリーな仕方で説明するものに他ならない、とラカンは考えたのです。

幼児は、《他者》の世界に産み落とされても、初めはまだ《他者》の世界の象徴的な構造を理解できません。だから自分の身の回りにある言葉やイメージを使って、想像的な仕方で象徴界を理解し、その中に根を下ろしていきます。そこで往々にして幼児が頼るのが、自分の近くにある「お母さん」や「お父さん」のイメージなのです。

しかしそれを分析して理論化する側の人間は、これらのイメージをそのまま用いるわけにはいきません。幼児が自分の手で構成するエディプス・コンプレクスの内容が各個人で異なっているとしても、その内容を規定する形式、というよりむしろ「構造」には普遍性があります。なぜなら、**エディプス・コンプレクスの物語は《他者》の世界の構造を反映しているからです**。幼児の想像的物語は、知らないうちに《他者》の構造という象徴的なものに統御されているのです。

ラカンのエディプス・コンプレクス論は構造を扱うものなので、イメージ的な理解を許

＊1　日常的には「劣等感」という意味で「コンプレクス」という言葉が使われることがありますが、それはフロイトのかつての弟子だったアルフレッド・アドラーが提唱した「劣等コンプレクス」に由来しています。フロイト自身は劣等コンプレクスという概念を独立的なものとして認めておらず、エディプス・コンプレクスに由来する派生物の一つに過ぎないと考えています。

さず、論理をきちんと捉えなければ理解できません。精神分析の入門書として、エディプス・コンプレクスに触れないわけにはいきませんが、そのためには、ある程度議論が複雑なものになることを避けられません。

本章は、これまでの章と比べてより理論的になります。具体的なシーンを例に挙げながら、できるだけ分かりやすく記述するつもりですが、それでも理解に骨が折れるかもしれません。一読してご理解いただけなかったら、何度か読み直していただく必要があるかもしれません。先を急ぐ方は一旦読み飛ばしていただいても結構です。

それでも、そうした労苦を補うだけの価値があるでしょう。なぜならエディプス・コンプレクスは主体の欲望の形成に直接的に関わるからです。

## 精神分析にとって〈父母〉とは何か

これまで「親」という漠然とした言葉を使ってきましたが、エディプス・コンプレクスを語るうえではより厳密な定義が求められます。そこで、さしあたり親一般を〈母〉と〈父〉に分類してみましょう。論理的に言えば「親1」「親2」（もっと純粋に論理化すれば「《他者》1」「《他者》2」）でもよいですが、ここではラカンの用語法に準じます。

鏡像段階は《他者》の支えがあって初めて成立すると述べました（150頁）。その中で登場した「鏡の前に立つ幼児に対して「これが君だよ」と保証する親」は、強いて言えば

〈母〉の側に属する親です。

もちろん、言葉の上で〈母〉という語を当てはめているだけで、実際にそれを保証する親の性別がなんであろうと構いません。あるいはいわゆる「(血の繋がった)親」でなくても構いません。〈母〉の定義とは、「子供が出会う最初の《他者》」であり、それは子供を保護・養育する存在全般を指します(正確にはあくまで「《他者》の代表者」ですが、煩雑になるので以下省略します)。

〈母〉とは、力のない幼児を危険から守ったり、生理的欲求を満足させたりする存在であり、幼児にとってそれは、「その人に頼らなければ自分が死んでしまう」存在です。父親が主に育児を担当している家庭であれば父親が〈母〉になりますし、あるいは何らかの養護施設のスタッフが〈母〉となることもあるでしょう。「子供を産んだ女親」のみが〈母〉ではありません。〈母〉はあくまで概念上の存在です。

今後、親を二種類に区別する必要が出てくるまで、つまり〈〈母〉と区別すべき〉〈父〉という第二の親が出現するまでは、親という《他者》全体が〈母〉です。ですから202頁以下で〈父〉が登場するまでは、「親」も「《他者》」も「〈母〉」も同じようなものと考えてくだされば結構です。

〈父〉とは何かをあらかじめ簡単に説明しておきます。〈父〉は〈母〉以上に概念的な存在です。〈母〉が子供の養育者としての《他者》一般を指すのに対して、〈父〉が指すのは、

〈法〉を司り、去勢の責任者となる存在のことです。それは単なる《他者》ではなく、《他者》の世界に〈法〉をもたらし、《他者》を真の意味での《他者》とするような「《他者》の《他者》」です。そうである以上、それは個人として現実に存在するものではなく、一つの機能です。

しかしここまでの話だけではいたずらに言葉を弄んでいるようにしか見えないでしょう。なぜわざわざ「親」一般の中に〈母〉と〈父〉とを区別する必要があるのか、その謎をここから一歩ずつ解き明かしていきましょう。

## 要請なくして生はなし

繰り返しますが、人間の幼児は《他者》の助けなしでは生きていくことができません（152頁）。生まれて間もなくエサを探せる野生動物とは違います。

しかし、一方で人間は動物でもありますから、食べたり寝たり排泄したりする必要があります。こうした生物学的な必要性を欲求と言います。「欲求」の原語は〈besoin〉ですが、これは「必要性」という意味も含んでいます（ちなみに英語では〝need〟と訳されています）。

人間の幼児はつねに死の危険に晒されており、《他者》がいなければ生きるための必要性すら満たせません。これを寄る辺なさと言います。寄る辺ない存在である幼児が欲求を満たすためには、それを《他者》に要請（demande）しなければなりません。

といっても、赤ちゃんはただ泣いているだけで、目の前の《他者》に直接何かを頼むわけではありません。〈母〉という《他者》の方が、赤ちゃんが泣いているのを見て、「これはお腹が空いたのだな」とか「おしめを替えてほしいのかな」などと解釈して、赤ちゃんの欲求を満たしてやる必要があります。〈母〉は、赤ちゃんの泣き声を要請として解釈します。つまり欲求が要請として捉えられるのです。

〈母〉は《他者》の代表者であり、言語の世界の住人ですから、赤ちゃんの泣き声は言語的に解釈されます。「これは○○を訴えているのだな」と《他者》に解釈されることで、赤ちゃんの泣き声は一つの言語的メッセージになります。

このように**欲求は要請として言語化されない限り満たされない**のです。自分の泣き声が要請という言語的なものとして解釈され、〈母〉からそれに対する言語的な応答が与えられる、というこの状況を通して、幼児は言語の世界に参入していきます。

前章で「赤ちゃんはみな言語の世界へ入る」と述べました（147頁）。ここでそれをより正確に言いなおすと、**「要請」のシーンの中で、〈母〉の応答によって幼児の中に言語が刻みつけられる**と言えます。最初は言葉の意味が分からなくても、やがて時が経つと、赤ちゃんは自ら発話するようになり、〈母〉に直接何かを頼むようになります。このように言語は生死にかかわる状況の中で身に付くわけです。

しかし、なぜ幼児は単に言葉を刻まれるだけではなく、自発的に言語を用いて要請を行うようになるのでしょうか。

それはおそらく、ただ泣いているだけでは欲求が充分に満たされることがないからでしょう。背中が痒いのに手が届かない時、誰か別の人に掻いてもらうことがありますが、そこで的確に痒い場所を伝えるのはなかなか骨が折れるものです。何も言わずともピンポイントを攻めてもらえるなら楽だろうなと思いますが、他人はそれほど万能ではないので仕方がありません。

幼児も（こんなにしょうもなくはないですが）これと同じような状況に置かれています。欲求を満たそうとすれば、それを《他者》に要請するために言葉で表現することが求められます。《他者》は自動的にすべての欲求を満たしてくれるわけではないのです。

## 〈欲求の満足のための要請〉から〈愛の要請〉へ

ところで、背中掻きを頼む相手が仲の良い恋人だったりすると、「ここー？」「もっと左かなあ」というやり取りを行うこと自体が楽しくなる場合があります。そこでは単に痒みが和らぐ快感以上のものを得られることがあるでしょう。つまり「人に（それも愛する人に）やってもらう」ことそれ自体の喜びです。このように、要請には「欲求を満たすための手段」という以上の何かが含まれているのではないでしょうか。

ここで重要なのが、欲求と要請の間にはつねにギャップが存在するということです。このギャップがあるために、言語的な要請が現実的欲求を充分に満たせなかったり（欲求を上手く言葉で表現できない）、あるいは要請それ自体に価値が生まれたり（頼むこと自体が目的になる）する事態が生じるわけです。

このようにギャップが生じるのは、つまるところ、要請が象徴的なものだからです。象徴的なものは物質的な現実界（欲求の領域）を離れて、独自の世界を形成します（121頁）。それゆえ象徴的なものである要請は、元々の目的であった欲求の満足から離れて、独立したものになっていきます。つまり欲求の満足という目的に還元されない、「要請のための要請」が生まれてくるのです。

それは何かというと、**愛の要請**です。『愛の渇き』という小説がありましたが、愛が現実的に渇きならばポカリスエットを飲めばいいだけでしょう。「渇き」や「飢え」という言葉が使われているとしても、愛は欲求とは別の次元に存在します。愛でお腹は膨れないのです。

ではここでの愛とは、具体的に何を言わんとしているのでしょうか。それは152頁で述べた「《他者》の世界に落とされることの根源的な不穏さ」と大いに関係があります。

寄る辺ない幼児は、自分の生き死にも満足も不満足もすべて《他者》の意のままであるという不穏な危険状態に置かれます。現実的欲求が象徴的《他者》への要請によってしか満たされない以上、幼児は《他者》に全存在を委ねなければなりません。《他者》がいなくなることは幼児にとって死を意味します。ここから《他者》の不在に対する根源的な懸念が生み出されます。

愛はこの根源的な懸念への解決となるものです。愛が求めるのは欲求を満足させる何らかの対象ではありません。そうではなく、「あなたがそこにいること」そのものです。幼児にとって愛の要請は《他者》の現前そのものの要請なのです。

**愛とは持っていないものを与えることである**

もう少し具体的に考えるために、以下の例を見てみましょう。

小学校に通うようになった子供が「ゲームが欲しい」「ミニカー買って！」などと、自分の親に次から次へといろいろなものを要請する。あまり子供に接してこなかったこの親は、自分の子供との付き合い方が分からず、とりあえず子供が要請するものをなんでも買い与えた。しかし望んでいるものを与えても、子供はあまり喜んでいないようだ。子供の悲しそうな顔を尻目に、親はいつも自分の部屋に戻るのだった。

なぜこうなってしまったのかというと、子供の要請が真の対象としていたのはミニカーやらゲームやらではなく、親という《他者》の愛そのものだったからです。子供は親に自分と向き合ってほしくていろいろなものを要請していたのであり、単にそれらが欲しいわけではなかったのです。

愛とは目に見えないもので、人はつねにその「しるし」（「証《あか》し」と言ってもよいですが）を求めます。ミニカーやゲームは、「親が自分を愛して要請に答えてくれた」という「愛のしるし」となることで、初めて価値を持ちます。しかしこの親は機械的に物を買い与えるだけで子供の前から去ってしまい、子供はそこに愛を見出すことができませんでした。だから子供は「次は愛のこもった贈り物をもらえるかもしれない」という期待に縋《すが》り、いろいろなものを要請したわけです。

ラカンには「**愛とは持っていないものを与えることである**」（L'amour, c'est donner ce qu'on n'a pas）という有名な言葉があります。この言葉は非常に多義的ですが、ここでは「愛とは持っているものを与えることではない」と解釈してもよいでしょう。「持っているもの」とは**手放すことができるもの**です。例えば欲求を満たす対象は「持っているもの」と言えます。親はミルクなどを手放して子供に与え、欲求を満たしてやることができます。この親が与えていたのも、単に「持っているもの」でした。つまり自分の持っているお金を手放して買ってきたものです。

しかし、「持っていないもの」とは捨てることができないもの、**その人の存在自体から**

切り離せない何かです。ここで子供が真に要請していたのも、親が「持っているもの」を超えた何か、つまり「子供に対する真の気持ち」でした。ゲームやミニカーのおねだりはあくまで親の愛を「試して」いただけです。

この親は決して子供に無関心ではありませんでした。しかし親自身が自分の「子を思う気持ち」を上手く把握できておらず、子供に思いを伝えられませんでした。だから単に物品を与えて逃げていました。

子供はそれを感じ取っていました。だから何を貰っても悲しそうにしていたのです。親は自分に物品を与えると自室に逃げ去ってしまう、つまり「そこにいて」くれなくなります。そうなればプレゼントはやがて「親の愛を得られないこと」のしるしになってしまうでしょう。

しかし、この例に限らず、「大切に思う本当の気持ち」を伝えることは一般的に困難です。「持っていないもの」を与えるというのは、ほぼ不可能なことです。愛という贈与(「与えること」)は通常の贈与ではなく、一種の不可能な贈与です。

「持っていないものを与える」という愛の定義は、親子関係に留まらず、大人にも適用できます。例えば肉体や財力という「持っているもの」だけを理由として付き合っているのなら、それはきっと純粋な愛とは言えないでしょう。まあ純粋な愛など存在しないもので、その人の「持っているもの」も愛する理由の一つになってしまうのですが。

しかし「持っているもの」を求めると同時に、どこかでそれを超えた「持っていないもの」をも求めるからこそ、愛は愛になると言えるのではないでしょうか。「持っていないものを与える」というラカンの定義は、愛という〈謎〉を解く鍵になりそうです。

## 欲望は他のものを目指す

さて、理論的な話に戻りましょう。

改めて確認しておくと、欲求と要請の間にはギャップがあります。このギャップゆえに**要請は必然的に二重のものとなります**。一つの要請が、欲求の満足の要請であると同時に、欲求から独立した愛の要請にもなるわけです。

ところで、《他者》が愛の要請へ完璧に答え、主体が完全に満たされることはあるのでしょうか。大人になると、相手が愛の要請へ完璧に答えてくれるという「恋の情熱」を持つ人もいますが、この情熱は永続的なものではありません。情熱が覚めるといろいろと不満が生まれてくるでしょう。

結局、愛の要請の中で求められているものがある程度満たされることはあるにしても、満足は完全に首尾よくはいかないのです。愛とは不可能な贈与だと述べました。私たちが普通に与えることのできるのは「持っているもの」だけであり、愛の要請に完璧な仕方で答えて、真に「持っていないもの」を与えることはそうそうできません。

先ほどの例（188頁）で言えば、例えば親が「君のことを大切に思っているよ。一緒にゲームをしよう」とでも言えば、子供は一時的に喜ぶでしょう。しかしそれは一種、欺瞞《ぎまん》的ですし（この親には子供を疎ましく思う気持ちもあるのですから）、それにゲームを一緒にするだけで気持ちが伝わるわけではありません。つまり、究極的にはそれらも「持っているもの」（自分そのものではないもの）なのです。

このように、《他者》が愛の要請に完全には答えてくれない時、そこから生まれる不満足そのものが欲望の存在を示しています。

愛の要請は要請が二重化されることで生じます。そして要請が二重になるのは、元を辿れば、現実的な欲求と象徴的な要請の間にギャップがあるからです。しかしこのギャップは埋まることがありません。なぜなら要請は《他者》への要請であり、主体と《他者》との間には隔たりがあるからです。

結局、愛がうまくいかないのは《他者》が異質であり、自分との間にギャップがあるからです。このギャップから生まれるのが欲望です。つまり欲望は主体が《他者》の世界で生きるということそのものから生まれる不満足に由来して生じるのです。

ここまで本質的に語らなくとも、私たちが（生きるための必要性《ニード》と関係なく）「欲しい」と思うものは、私たちが持っていない何かです。私は自分のタンブラーを「欲しい」とは思いません。つまり何かが欲望の対象となるのは、それがその人に欠如しており、それゆえに不満足が生じているからです。このように欲望は不満足そのものによって定義され、欲望の対象は〈欠如しているもの〉です。

## 欲望の（不可能な）満足に向けて

欲求もまた不満足ゆえに生まれるものですが、しかし欲求は生理的なものなので、満足させることが可能です。それに対して、欲望とは決して充たされない不満足です。

しかし人間は欲望の不満足に我慢できないので、満足を得ようとさまざまなものを求め、さまざまなことを行います。欲望の満足という不可能なもののために、「欲望を満たしてくれるかもしれない」いろいろな対象、欲望の見せかけの対象に縋《すが》っていくのです。欲望の真の対象とはどんな（普通の）対象でもなく、欠如そのものであるような対象なのですが（215頁で後述します）。

しかしどんな見せかけの対象も欲望を満たすことはできません。だから欲望は色々な対象をとっかえひっかえしていきます。実際、欲しかった服や本などを手に入れた瞬間、「どうしてこんなものが欲しかったのだろうか」と冷めてしまうことはないでしょうか。

それは欲望のもつ性質ゆえです。欲望はつねに〈他のもの〉を目指します。だから何かが手に入った時には、もうすでに別の何かが欲しくなってしまっているのです。本当に楽しい時、それは「自分の欲しい何か」がまだ手に入らず、期待だけを胸に抱いている時なのかもしれません。恋人になりかけている時が一番楽しい、というような話です。

悲しいことに、首尾よく付き合うことができたら、むしろ何らかの失望が待っています。あれほど好きだった人でも、自分の中の〈欠けたもの〉を完全に埋めてくれるわけではない、とわかるからです。

この〈欠けたもの〉、つまり欠如が何なのかを突き詰めて考えていくと、それは《他者》の世界に参入した主体が失ってしまったものであり、つまり《他者》に依存しない主体の固有な存在です。《他者》の世界は、たとえ主体がその中で生きるようになったとしても、どこまでも異質なものです（157頁註3）。だからそこで生きる主体はいつも「何かが違う、何かが欠けている」と思わざるをえず、それゆえ《他者》の世界で生きることの不満足がなくなりません。

この究極的な「欠けたもの」は存在欠如とも呼ばれます。つまり「《他者》の世界の中には主体の本当の存在がない」という欠如です。ところで、この「自分の本当の存在」については すでに語りました。つまり、それこそ特異性です（88頁）。だからこそ、精神分析にとって欲望は最重要の問題なのです。

## 欲望は要請の狭間に

ここまでの議論を図10にして整理しましょう。

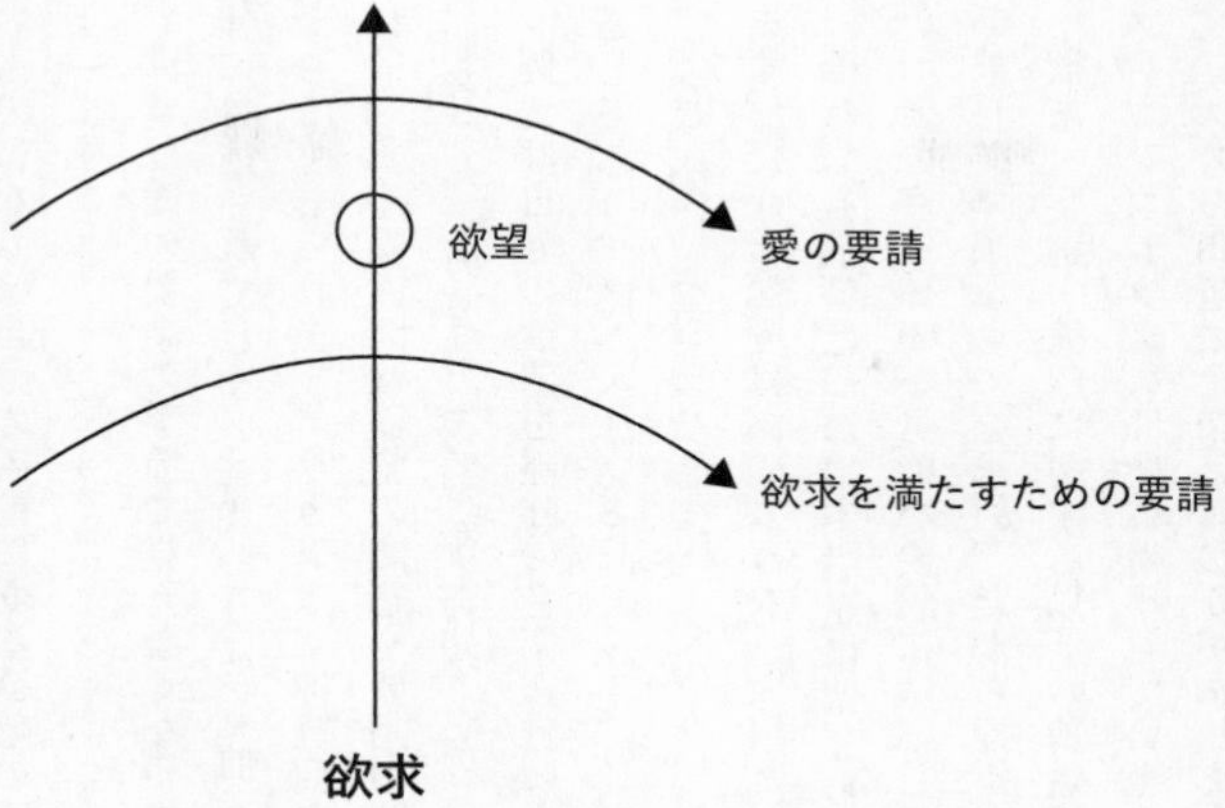


図10

縦の矢印は欲求です。そして横の二つの曲線のうち、上が愛の要請、下が欲求を満たすための要請を指しています。

人が欲求を満たすためには、要請を経なければなりません。しかし欲求と要請の間にギャップがあるゆえに、要請はつねに二重のものになります。欲求を満たすための要請は満たされうるものですが、愛の要請は満たされえないものです。

このように要請が二重化することで、二つの要請の狭間に欲望という「不満足そのもの」が生じます。欲求の要請にとって欲望は彼方にあるものであり、《他者》が欲求の要請に答えてくれて満足が得られても、それは欲望の満足には足りません。その不満足ゆえに主体は《他者》に愛の要請を行うわけですが、反対に愛の要請は果てしないものになり、自分の手前にある欲望の不満足を見逃して、際限なく愛を求めつづけてしまいます。

欲望は愛の要請の手前で見えなくなっています。それゆえ、欲望の不満足は時として主体に見逃されてしまい、代わりに「《他者》が愛の要請に答えてくれないことへの不満」として感じられます。ラカンは「神経症者は欲望を要請へ還元する」と言っています。これは「多くの人間は欲望の問題を要請の問題とすり替えており、欲望が満たされないのは《他者》が愛の要請に答えてくれないからだと信じている」とも言い換えられます。

例えば自分の欲望を趣味の音楽鑑賞によって満たそうとするのであれば、それは自己完結しており、誰かへ要請を行う必要はありません。しかし多くの人は自分の愛する人を《他者》の代表者と見なして、その人に自分の〈欠けたもの〉を補ってくれるよう要請します。だから恋愛はあのような一大事と見なされるのです。

それでも欲望はつねに不満足に留まらざるをえず、《他者》は「欲望を満足させてほしい」という主体の不可能な要請《たのみ》には応じられません。愛は欲望という本質的な不満足を追い越して無限なものを求め、だから挫折を余儀なくされるのです。

欲求・要請・欲望に関する以上の基礎的な議論を踏まえて、これから本格的にエディプス・コンプレクスの問題に着手していきたいと思います。欲望の問題とエディプス・コンプレクスの問題には深い関わりがあります。なぜなら、エディプス・コンプレクスとは、単なる幼児の成長過程の一環ではなく、主体が真の意味での欲望を身につけていく過程であると考えられるからです。エディプス・コンプレクスを通じて形成される主体とは、ほかでもなく欲望の主体なのです。

## 不満《フラストレーション》という「満たされなさ」

欲望は主体が《他者》の世界で生きることの不満足そのものから生まれてきますが、人は初めからこの不満足を「欲望」という形で把握するわけではありません。それでは、欲望をもつようになる前の主体は、どのような形で《他者》の世界における不満足に対処するのでしょうか。エディプス・コンプレクスにおいて問題となるのはそのことです。

《他者》への要請に依存する寄る辺ない幼児には「《他者》の不在に対する根源的な懸念」があると述べました（188頁）。しかしここで重要なのは、実際には《他者》がいなくなることもあるということです。親は完璧な存在ではないのです。親にも親の生活があり、いつも赤ちゃんにつきっきりというわけにはいきません。二階で電話が鳴れば赤ちゃんのもとを離れますし、仕事や遊びで留守にすることもあります。

その度に親は「電話が鳴っているからちょっと行くね」というような説明をするかもしれませんが、言葉の話せない赤ちゃんにはそれが分かりません。幼児にはなぜ《他者》が目の前からいなくなるのか分からず、《他者》が戻ってきたとしても、なぜ再び目の前に現れたのかが分かりません。

赤ちゃんにとって自分の生殺与奪の権を握っている《他者》〈〈母〉〉はランダムに現れたりいなくなったりする存在であり、それゆえ幼児は時に不満足の状態に置かれなければなりません。この不満足を不満《フラストレーション》と呼びます。

ここでとりあえず「不満」と訳している〈frustration〉というフランス語は「期待通りにうまくいかないこと」を意味します（ドイツ語では、フロイトも用いているVersagungという語に近いと言えます）。生まれたばかりの幼児にとって《他者》の世界には必ず「うまくいかないこと」が生じるのです。

子供の中に生まれる不満《フラストレーション》には、「欲求の不満」と「愛の不満」とがあると言えます。親という《他者》がそこにいないと、欲求を満たすための要請に答えてくれる存在がいないので、欲求を満たせません。そして要請が二重化して愛の要請が生まれると、《他者》がいないということそれ自体が愛の渇きを生み出すようになります。

このように不満とは要請の満たされなさによって生まれるものだと言えます。エディプス・コンプレクスを経てない幼児は、《他者》が要請に答えてくれないことを、欲望の不満足としてではなく不満《フラストレーション》として把握するのです。

## 万能の《他者》の愛という贈与

では不満《フラストレーション》という「満たされなさ」は欲望という「満たされなさ」とどう異なるのでしょうか。

不満《フラストレーション》の特徴は、《他者》を万能の存在だと思っていることです。幼児にとって〈母〉という《他者》は世界のすべてであり、良いものを打ち出の小槌のごとく何でも生み出してくれる、と幼児に考えられています。

《他者》の助けがなければ生きられない寄る辺なさを抱えた幼児にとって、《他者》は自分を危険から守り、すべてを与えてくれる存在です。《他者》がいなければ、自分の命すら失ってしまいます。幼児にとって《他者》が絶対的な存在であるからこそ、それは万能の存在にもなります。

よく「幼児的万能感」という言葉が使われますが、ラカン的な精神分析の見地から考えれば、幼児自身は無力で寄る辺ない存在であり、万能なのは〈母〉という《他者》の方です。「幼児的万能感」とはつまり〈母〉の万能性の確信なのです。

しかし、〈母〉は「万能の存在」であるはずなのに幼児が不満《フラストレーション》を感じるのはなぜでしょうか。それは万能の〈母〉が、幼児の要請しているものを与えてくれないことがあるからです。全知全能の神が人間の祈りをつねに聞き入れるわけではないように、〈母〉も要請の呼びかけにつねに答えるとは限らないのです。

もちろん親は人間なので、実際には万能ではありません。親が子供の期待するものを与えられない背景にはよんどころない事情があるものです。しかし幼児にはそういった「大人の事情」がわかりません。それゆえ、《他者》は「与えられない」のではなく「与えてくれない」のだと思ってしまいます。

不満《フラストレーション》とはこのように贈与の拒絶に対する不満足です。ここで言う贈与とはつまり「何か〈良いもの〉を与えること」です。《他者》を万能の存在と信じているうちは、《他者》は贈与できるのにそれを拒んでいる、と幼児は思います。そして《他者》がなぜそれを拒むのか、幼児にはわかりません。

万能の〈母〉が不在になると、幼児は一人きりで危険の中に投げ出されます。それは「天は我々を見放した！」（『八甲田山』）というような状態です。だから〈母〉の不在は根源的な不満《フラストレーション》の時となります。

それゆえ幼児は、〈母〉が自分の呼びかけに答えてそばにいてくれることを願います。たとえ目下のところ欲求を抱いておらずとも、幼児は〈母〉がそばにいるという安心感そのものを求めます。そこで子供が要請するのは〈母〉の現前それ自体です。子供が求めるのは「〈母《あなた》〉が私の呼びかけに答えてくれること」そのものであり、その呼びかけが要請するのは「〈母《あなた》〉がそこにいること」です。それは〈母〉の愛の要請なのです。

## 〈母の法〉に従属している主体

つまり〈母〉の現前が「愛のしるし」となり、〈母〉の不在が不満《フラストレーション》の標識になるわけです。ここで姿を見せ始める「愛」（もちろん赤ちゃんはそんな言葉を知りませんが）が、それまで謎だった〈母〉の現前と不在を統御する規則（法）となりはじめます。〈母〉がそばにいるのは自分を愛しているしるしであり、〈母〉がいなくなるのは自分を愛していないしるしだと幼児は解釈します。このように〈母〉**の現前と不在の中に〈母〉の愛という法則が導入され始める**わけです。

　幼児は「〈母〉が一緒にいてくれるのは自分を愛しているからだ」と思うようになります。そして反対に「〈母〉がどこかにいってしまうのは自分を愛していないからだ」という考えも生じます。〈母〉の愛が〈母〉の現前や不在を理由づけるのです。

　これが「〈母〉の現前と不在の法則」として幼児が作り上げる仮説です。これを**〈母の法〉**と呼んでおきましょう。〈母の法〉というこの仮説に従って、幼児は〈母〉を自分の元に引き留めておくために〈母〉の愛を得ようとします。つまり〈母〉から愛されることが幼児のすべてになるのです。これが〈母の法〉への従属です。〈法〉そのものではなくわざわざ〈母の法〉と書いたことには理由があります。というのも、幼児が仮説として生み出す〈母の法〉とは本当の意味での〈法〉ではなく、**〈母〉の恣意によって成り立っているものに過ぎない**からです。〈母〉が現前という形で「愛」を与えてくれるのは〈母〉がそれを望むからで、与えてくれないのは〈母〉がそれを望まないからだ、という具合に、〈母〉という一人の《他者》の思惑次第によって、幼児は生かされも殺されもするわけです。

幼児は〈母〉への要請に依存しきっているため、愛されたいと願っている〈母〉から捨てられ、一人きりで投げ出される懸念をつねに抱えています。ところで、反対に〈母〉が不在になることがなかったら、つまり〈母〉がつねに子供と一緒にいて「愛」を与えつづけていたら、どうなるでしょうか。

それはきっともっと恐ろしいことでしょう。万能の〈母〉の世界がいつしか子供を飲み込み、子供は人間ではなく、その世界の部品の一つに過ぎなくなってしまうでしょう。子供は〈母〉の意のままに動く人形のような存在になってしまうのです（こういった〈母〉のことをファリック・マザーと呼びます）。

「母子関係」という言葉には一般的に、美しく、温かく、尊いものというイメージが付されています。しかし実際には、子供と〈母〉の関係は子供の寄る辺なさと《他者》の万能性によって成立しています。そこには以上のような危険と恐怖が潜んでいるのです。

## 《父の名》の導入

〈母の法〉への従属がもたらす危険状態から脱却するためには、どうすればよいのでしょうか。

ここで初めて〈父〉という第二の親が登場します。これまでは親＝《他者》＝〈母〉だったわけですが、ここからは〈母〉と〈父〉という二種類の《他者》を区別することが重要になります。

〈母〉は「寄る辺ない子供を守り育てる存在」であり、比較的単純に定義できましたが、〈父〉の定義はもっと複雑です。

〈父〉は、とりあえず〈法〉を司る存在として定義できます。この〈法〉は前述した〈母の法〉とは異なり、《他者》を代表する誰か一人の人物に左右される〈法〉ではなく、《他者》の世界に共通する普遍的な〈法〉です。こうした〈法〉は〈父〉の存在があってこそ機能するものなのです。

「父親とは何たるか」ということも世間ではよく議論の対象となります。しかしそうした言説はえてして「父親には厳しさがなければならない」「いや、逆に子供にとって親しみやすいお父さんであるべきだ」というように、父親のイメージを語ることに終始しています。フロイトですら多くの場合〈父〉を想像的な次元でのみ捉えています。しかしそうした想像的な父親像と、ここで述べている象徴的父は異なります。

象徴的父とは〈法〉を保証し、司る機能そのものであり、必ずしも子供の「お父さん」ではありません。〈母〉も「お母さん」とは限らなかったわけですが、子供の養育者は少なくとも人間ではありました。しかし象徴的父は人間と言えるかどうか微妙です。

象徴的父は《父の名》(Nom-du-Père) とも呼ばれます。むしろ《父の名》という用語の方が頻繁に使われます。この用語はカトリックにおいて唱えられる「《父》と《子》と《聖霊》の御名《み》によって (au nom du Père et du Fils et du Saint-Esprit)」というお祈りを踏まえています(ラカンはカトリック信仰の篤い家で育ちました)。

このお祈りが言う《父》とはイエスの父であるところの神を指しますが、〈父〉なる神は別にイエスを育てたわけではありません。イエスには一方でヨセフという育ての父親がいます。ヨセフは自分の子供であるイエスに愛情を注いで育てたと思いますが、彼はイエスの父とは認められず、あくまで「養父」という扱いになっています。イエスを生み育てたマリアに「聖母」という特別な地位が与えられ、篤い信仰の対象となっているのに対して、ヨセフはそこまで信仰されていません。マリアがイエスの〈母〉と認められ、特権視されているのに対して、ヨセフはイエスの〈父〉とはみなされていないのです。

人類が〈父〉や〈母〉という観念をどう考えてきたかがわかるようなお話です。つまり《父の名》(象徴的父)としての〈父〉は、子供を育てる存在ではなく、超越的な立場から〈法〉を通じて子供を導く存在です。〈父〉なる神は子イエスを直接育てたわけではありませんが、しかしイエスが神の子であるがゆえに、イエスはそれに導かれて、あのような運命をたどることになったのです。

《父の名》はこのように超越的なものです。〈法〉をもたらすのはなんらかの超越的存在でなければなりません。自分と同じレベルの他者が〈法〉を作っても、それはせいぜい「約束」にしかなりません。しかし〈法〉は約束としてではなく、命令として機能するものです。狭義の法律について考えてみても、それを制定できるのは国家のように国民に対して超越的なレベルにある存在だけです。地位《ヒエラルキー》や権力の差があってこそ〈法〉は機能するのです。

## Appendix——《他者》と「《他者》の《他者》」*2

前章で確認したように、〈法〉をもたらすのはまさしく《他者》の役割です（145頁）。しかしここで厄介な問題が発生します。〈母〉もまた主体が初めて出会う《他者》なのに、なぜ〈母〉は〈法〉をもたらさないのでしょうか。言い換えれば、なぜ〈母の法〉は〈法〉そのものではないのでしょうか。

このことは以下のように考えられます。つまり〈母〉は（象徴界に生きているので）〈法〉に従っていますが、子供にはそれが分からないのです。つまり子供は〈母〉の行動を想像的な仕方で解釈してしまっている（「どこかへ行ってしまったということは自分を愛していな

*2　この節は少しややこしいので、面倒ならば読み飛ばしていただいて構いません。

いしるしだ」）ということです。

〈母〉という《他者》との関係の中を生きている子供は、確かに《他者》の世界の中を生きてはいます。しかしこうした《他者》の世界はまだ充分に象徴的なものとはなっていません（だからと言ってまったく想像的な世界というわけでもありませんが）。子供の生きる世界が真の意味での「象徴界」になるためには、そこに普遍的なものとしての〈法〉が導入される必要があります。そしてこの〈法〉の機能を担う存在が《父の名》なのです。

このことに関してラカンは、「〈父の名〉とは《他者》の《他者》である」と言っています。「《他者》の《他者》」とは、〈母〉という《他者》の世界に〈法〉をもたらす、より上位の《他者》という意味です。

前章の議論（145頁）は「他者との双数＝決闘《デュエル》的な関係に《他者》が介入すれば〈法〉が導入される」という比較的単純な発想に基づいていましたが、ここでの議論はもう少し精密なものになっています。つまり「〈法〉の導入のためには、〈母〉という《他者》だけでは足りない。《他者》のさらにまた《他者》である〈父〉（象徴的父）による保証が必要である」というわけです。大文字の《他者》は小文字の他者（鏡像）を保証してくれる存在でしたが、一方《他者》の〈法〉を保証するのは「《他者》の《他者》」であるというわけです。ここにはちょっとした理論的変遷（126頁）を見て取ってもよいでしょう。

## 〈父〉はなぜ死んでいなければならないのか

それでは、《父の名》としての〈父〉（象徴的父）が子供の前に現れるとはどういうことでしょうか。《父の名》とは必ずしも「お父さん」ではない、人間とも限らないと述べてしまっただけに（203頁）、これは難しい問題です。

確実なのは、《父の名》は〈母〉の言葉《パロール》の中にしか存在しないということです。〈父〉は、〈母〉が〈父〉と認める存在であるからこそ〈父〉になります。〈父〉は〈母〉の言葉の中に見え隠れする何か超越的な存在であり、〈母〉がそれに従う何かのことです。子供の世界の中に〈父〉が登場するかどうかは〈母〉次第だというわけです。

もっと詳しく言うと、《父の名》は、〈母〉が従っている〈法〉を明らかにする言葉の中で姿を現します。それは〈母〉という一人の《他者》が世界のすべてではないことを子供に示すような言葉です。そのことで、それまで子供が従属していた〈母の法〉は絶対的なものではなくなります。〈母の法〉において〈母〉は「法」を生み出す存在でしたが、ここで〈母〉は〈法〉に従う存在となり、〈母〉の従う〈法〉こそが真の〈法〉であるという事実が子供の中に刻まれます。

ちょっと観念的になりすぎたかもしれません。要するに、幼児にとって絶対的な存在である《他者》が「世界には理《ことわり》というものがある。自分もそれには敵わない」というようなことを子供に対して明に暗に示し、それによって「この世の理」が子供の身に付くということです。そうなることで子供が第一に従うべきは〈母の法〉ではなく、「この世の理」になります。この「理」が〈法〉に相当するわけです。

そして「理」の保証となり、それを機能させる存在が《父の名》です。精神分析的な意味での象徴的な〈父〉は、「〈法〉を保証する超越的な存在がある」ということにしておくために要求される一機能（一シニフィアン）に過ぎません。そうした超越的な存在が実在しているかどうかは関係なく、ただ象徴界の〈法〉をただの私法と区別するために、なんらかの超越的存在の保証があるということにしなければならないだけです（だから《父の名》と呼ばれるのです。《名》とはシニフィアン的な機能です）。

ラカンは「象徴的父とは死んだ父である」という、いささか突飛なことを言っています。もし仮に〈法〉を司る〈父〉が一人の生きた人物であり、現実世界の中に存在していれば、なんといってもこの「父」がルールブックなのですから、この世界は「父」という独裁者の思うがままに支配されるでしょう。こういった「父」のことを原父と言いますが、原父が好き勝手に秩序を作る世界であれば、それは無法状態と同じであり、そこでは〈母の法〉よりもさらに悪いもの、いわば「原父による鉄の掟《おきて》」によって世界が牛耳られてしまいます。

こうした意味での原父は〈法〉を保証する存在ではありませんし、原父の掟は〈法〉とは呼べません。〈父〉が〈法〉を保証する存在であるためには、〈父〉に意志やら欲望やらがあってはならず、人間としては死んでいなければならないのです。象徴的父が死んだ父であるというのは、〈父〉は死んで初めて〈法〉の保証者になるということです。

## エディプス・コンプレクスの導入

さて、ここでこれまでの議論をまとめてみましょう。

子供は生まれるやいなや《他者》の世界に参入しますが、初めのうちそこには〈法〉がなく、〈母〉という一人の《他者》に依拠した〈母の法〉しか機能していません。子供は万能の存在としての〈母〉に依存・従属したままであり、〈母〉への要請の中で常に愛の渇き《フラストレーション》を感じています。しかしそこに〈父〉（象徴的父ないし《父の名》）が介入し、〈法〉を機能させるようになることで、子供はある意味で「独り立ち」し、真の〈法〉の中で生きていくようになります。

……しかし実際にはそう上手くはいきません。子供がこうして〈法〉の中で生きていけるようになるまでには、いろいろとトラブルが生じるのです。このトラブルこそ、フロイトやラカンが「エディプス・コンプレクス」の名の下で語っているものです。ようやくここでエディプス・コンプレクスという言葉が出てきました。

フロイトの「エディプス・コンプレクス」はこの章の冒頭でごく簡潔に述べましたが

(179頁)、ここで改めて詳しく規定しておくと、それは「母子関係に父親が介入することによって子供が抱く、愛や憎悪などの観念の複合体《コンプレクス》」です。

より具体的に言うと、男の子の場合は、「憎いお父さんを排除して、愛するお母さんを自分のものにしたい。けれどもそうするとお父さんからお仕置きを受けて、自分の大事なもの（ペニス）を奪い取られるかもしれない」という思考がエディプス期を通して展開されます。女の子の場合は、「お母さんはどんなものでも与えてくれると思っていたけれど、本当に大事なもの（ペニス）は与えてくれない。だからそれを愛するお父さんから与えてもらいたい」です。

フロイトの主張をこれまで述べてきた概念で言い換えると、「男の子」の場合、〈母〉との関係の中に〈父〉が現れると、それは自分から〈母〉を奪う邪魔者として捉えられ、憎むべき存在になります。だから子供はすぐに〈父〉を受け入れるわけではありません。「女の子」の場合も、万能の存在と思っていた〈母〉が「自分にとって一番大事なもの」を与えてくれないことへの失望と非難に取りつかれる瞬間がまずあり、すぐに〈母〉を離れて〈父〉の愛へと向かっていくわけではありません。

フロイトはどんな患者の症例にもこうした形式（あるいはそのバリエーション）に還元できるコンプレクスが見出せると主張していますが、しかしこれはかなり「神話《ものがたり》」的です。もちろん、フロイトの患者が皆こうした「お話」を語ったから（さらにフロイトが自己分析によって同じものを自分の中に発見したから）、フロイトはそれをそのまま記述しているのでしょう。しかし私たちとしては、フロイトやその患者が語った「お話」をそのまま捉えるのではなく、上述の「主体と二人の《他者》との関係の中で生じる諸問題」という観点から、より論理的に考えてみたいと思います。

そのため〈母の法〉と象徴的父の〈法〉を巡るこれまでの議論を一旦離れ、今度は**欲望の側面から**〈父〉・〈母〉・子の関係性を探っていきましょう。そこで最初の手がかりとなるのが、主体が《他者》との関係の中で最初に抱く「うまくいかなさ」、つまり不満《フラストレーション》です（198頁）。

## 「欲望する存在」としての〈母〉

〈母〉が万能の存在であり、幼児がそれに対する不満《フラストレーション》しか感じていない時には、幼児の前にはまだ〈母〉という《他者》しか存在していません。そこには〈父〉が登場していないので、この時期は「前エディプス期」と呼ばれます。ラカンの用語では「エディプス**第一の時**」に相当します。「第一の時」という名がついていますが、実質的にはエディプスの第ゼロ期です。

しかし〈母〉の万能性にはだんだんと陰りが見えはじめます。そこには幼児が発見する〈母の法〉が関係しています（201頁）。なぜなら、子供が〈母の法〉を発見するにつれて、子供は〈母〉の愛を一方的に要請するだけではなくなり、〈母〉の現前と不在の背後に〈母〉の欲望を見いだしはじめるからです（ただし後述するように〔218頁〕、子供はそれをまだ「欲望」とは認めていないのですが）。

この時、子供は生まれて初めて「欲望」というものに触れます。ラカンには「**欲望は《他者》の欲望である**」という非常に有名なテーゼがありますが、その意味の一つがここにあります。つまり「人が最初に発見する欲望は自分が持つ欲望ではなく、《他者》が持つ欲望である」ということです。

では〈母〉が欲望を持っているとはどういうことなのかというと、**〈母〉に欠如があるということです**。何かを欲望するのはそれを持っていないからであり、つまり欲望の対象がその人に欠如しているからである、と述べました（192頁）。ここでも同様であり、〈母〉が欲望する存在であるということは、〈母〉に何らかの欠如があるということを意味します。そして**欠如がある以上、〈母〉は万能で完璧な存在ではないということになります**。

このように〈母〉に欲望という欠如が現れ、〈母〉の万能性に陰りが見えてくることで、幼児の不満《フラストレーション》は変貌していきます。不満《フラストレーション》の契機（エディプス第一の時）はまだ終わっていませんが、エディプス・コンプレクスの次段階への移行期に突入すると言えるでしょう（もちろん、実際にはそう単線的に時期を分けることはできませんが）。

不満《フラストレーション》は〈母〉が万能であることを前提としていましたが、〈母〉が欲望する存在であることが明らかになってくると、その前提条件が崩れてしまいます。不満《フラストレーション》の中で幼児が要請するのは、単に〈母〉から何かを一方的に与えてもらうことだけでした。しかし幼児が〈母〉の欲望と出会うと、自分の方でも〈母〉に何かを与えることが必要なのではないかと思うようになります。

そこで子供は「自分が〈母〉の欲望の対象となれば〈母〉は一緒にいてくれる」と推測します。そして〈母〉に愛を与えてもらう（〈母〉にそばにいてもらう）ために、子供は自分が〈母〉の欲望の対象になろうとします。自分自身を欲望の対象として〈母〉に与えようとするのです。

〈母〉はもはや無条件に自分を愛して、そばにいてくれる存在ではなくなりました。子供が〈母〉を万能と思っていた時には、「どうして自分を愛して（そばにいて）くれないんだ！」という不満《フラストレーション》が生まれるだけでした。しかし母が欲望する存在であることを察知しだすと、子供は「〈母〉に愛されるような人間になろう」と思うようになります。言い換えれば〈母〉の愛の要請の中に欲望の次元のものが介入しはじめるのです。

### 自我は「〈母〉のための自我」である――「鏡像段階」再考

実はこのことを通じて、鏡像段階を別の角度から検討することができます。鏡像段階とは、《他者》が鏡像（小文字の他者）を指し「これが君だよ」という保証を与えることで自我が誕生する過程でした（150頁）。この議論を紹介した際にはまだ《他者》の欠如を問題にしていなかったので、そこで《他者》は子供の自我を保証する万能の存在であるような言い方をしていました。

しかしここで〈母〉という《他者》が欲望する存在であることを踏まえると、《他者》は単に「鏡像が自我であることを保証する」存在ではなく、「鏡像を自分の〈欲望の対象〉として示し、子供がそれに同一化するよう仕向ける」存在でもあることがわかります。子供は〈母〉の「これが君だよ」という言葉の裏に「**これが君であってほしい**」という〈母〉**の欲望**を見てとります。そして〈母〉の欲望の対象になることを望めばこそ、〈母〉が指し示す鏡像に同一化しようとするのです。

もう少し具体的な場面に落とし込みましょう。よく親は「○○ちゃんは優しい子だね」とか「絵を描くのがうまいね。将来は画家かな」などという無責任なことを言ってくれるものですが、子供はその裏に「自分の子供が優しい子であってほしい（優しい子供を持ちたい）」「芸術的な才能のある子であってほしい（芸術に秀でた子供を持ちたい）」という親の欲望を見てとります。

つまり子供はこれらの親の言葉を「優しい子であれ」「芸術に秀でていろ」という要請として解釈するのです（要請はこのように〈母〉の側から寄せられるものでもあります）。そして子供は、親という《他者》の要請に答えようとして「自分は優しい子である」「自分は絵が上手い子である」という自己イメージを構築していきます。子供は要請への応答を通じて次第に自我を確立していくわけです。

本当に子供がそんな風に優しかったり、芸術的才能があったりするかどうかはわかりません。それでも親の言葉は一種の暗示として働き、それゆえに何らかのイメージへと子供を同一化させる機能を持ちます。子供は〈母〉に愛されるために、〈母〉の欲望の対象となろうとするのです。

このように鏡像段階とは〈母〉の欲望の対象への同一化の段階としても解釈することができます。自我は子供が〈母〉に愛されようとして出来上がるものであり、子供の自我とは、子供が自分なりに解釈した「〈母〉の欲望の対象」です。子供は、自分自身の身をもって〈母〉の欲望の対象になることで、〈母〉の欠如を埋めようとするのです。

## ファルスとは何か

ここでいったん視野を広げて、そもそも「欲望の対象」とは何を意味するかを考えてみましょう。精神分析理論には「欲望の究極的対象」に名付けられた固有の名前があります。それはファルスです。

古代ギリシャや古代ローマに詳しい人であれば、ペニスの形をしたお守りを見たことがあるでしょう。それらも「ファルス」と呼ばれます。多くの古代文明においてペニスは力や豊穣の象徴となり、信仰の対象になってきました。いわゆる男根崇拝です。左足の踝《くるぶし》が信仰対象になったという話はあまり聞いたことがありません。人類はペニスという単なる肉体の一器官に特別な意味を見出してきたようです。

そうなると、一見、ファルスとは「象徴化されたペニス」だと言えそうです。しかし、ここからの話が少しややこしいのですが、実はこの考えは間違っています。ラカンは「ペニスが特別な象徴的意味をもったものがファルスである」とは考えません。反対に「**ファルスという欲望のシニフィアンがあり、人類はそれをペニスと混同していた**」と考えます。ペニスが象徴的なもの（ファルス）となるのではなく、はじめにファルスありきで、ペニスがファルスと同一視されているのです。

ファルスとは本来、欲望のシニフィアンそのものです。欲望は《他者》の世界における主体の欠如（存在欠如）から生まれ、自らの原点である欠如を埋め合わせることを目指します（194頁）。だから欲望の究極的な対象は欠如それ自体であり、つまり主体の存在欠如と重ね合わせられるような「欠如そのものとしての対象」です。それがファルスの意味です。**ファルスというシニフィアンが表すのは純粋な欠如であり、ファルスは欲望のシニフィアンであると同時に欲望の究極的な対象を意味します。**[*3] だから、本来ファルスには形がなく、想像的な仕方では把握不可能な「謎の空虚」でしかありません。

しかし人間は「謎でしかない空虚」をなんとか把握するために、欠如であるファルスに形を与えようとします。象徴的なシニフィアンであるファルスを想像化《イメージ》すると言ってもよいでしょう。そして人類の多くは「ペニス」という形でファルスを形象化しようとしてきました。それゆえペニスという肉体の一部位にすぎないものに過大な価値が与えられてきたのです。

人が信仰の対象とする事物のことを「物神《フェティッシュ》」と呼びます。フェティッシュへの信仰が物神崇拝《フェティシズム》です。フロイトはフェティシズムを性的な領域で捉え、それを「母親にペニスがないこと（去勢されていること）の証しである女性器の否認」と定義しました。この否

＊3　なぜわざわざ「シニフィアン」と呼ぶかについて説明すると、「欠如」とは、象徴界の〈法〉の中でシニフィアンとしてしか示すことのできないものだからです。**欠如は「あるべきものがない」ということを意味しており、それは「あるべきものがある」という他のシニフィアンとのペアの中でしか成立しない概念です。**

本棚を整理している時、『スラムダンク』四巻をリビングに置きっぱなしだと気付かずに他の全巻を並べると「あれ、四巻が欠けてる」と思うでしょうが、別に『スラムダンク』四巻が物理的に消滅したわけではありません。「四巻が欠けている」という事態は「本棚の中で『スラムダンク』のすべての単行本を順番に並べるべし」という〈法《ルール》〉**の中でしか成立しません。**

最後のピースである『スラムダンク』四巻は結局リビングのソファの上に見つかりました。しかしファルスというシニフィアンは欠如そのもの、象徴界の中で初めから欠けているピースなので、その実体はどこにも発見できないのです。

認ゆえ、女性器そのものの代わりに脚や靴などが性的対象となるわけです。俗に「脚フェチ」などと呼ばれるものです。

「母親にペニスがない」というイマジナリーな言い方でフロイトが語ろうとしているのは、「〈母〉という《他者》に欠如がある」ということだと思われます。フロイトにはファルスという概念がないので女性器を「ペニス」の欠如の象徴としていますが、実際には、欠如の象徴とはファルスそのものに他なりません。ラカンの考えを用いれば、フェティシズムは「欠如のシニフィアンであるファルスに何らかの想像的な形象《かたち》を与えること」とより一般的に定義できます。そうであれば男性器・女性器を問わず、性的な意味を付された性器一般も一つのフェティッシュだと言えます。男性器が特権視されてきたこともこのことから説明できます。ペニスとはフェティッシュ化されたファルスなのです。[*4]

**想像的ファルス≠（象徴的）ファルス**

さて、不満《フラストレーション》の契機（エディプス第一の時）に戻りましょう。〈母〉の欲望の対象に同一化している子供もまた、〈母〉の欲望のシニフィアンであるファルスを想像的な仕方で捉えています。なぜなら〈母〉という《他者》の欲望に触れるようになっても、子供はまだ欲望の何たるかを把握できていないからです。

エディプス・コンプレクスとは子供が固有の意味での「欲望」を身につけていく過程だ

と述べました（197頁）。しかるにエディプス・コンプレクスを経ていない子供はまだ《他者》の欲望を欲望として理解することができません。〈母〉の欲望はまだ単なる「どうすればよいかわからないただの〈謎〉」でしかありません。

「子供は〈母〉の欲望の対象に同一化する」と言いましたが、これはあくまで客観的な言い方です。子供自体はそれを欲望と思ってそうしているわけではありません。エディプス・コンプレクスの途上で見出される「〈母〉の欲望」は「**将来〈母〉の欲望として認められることになるもの**」でしかないのです。

だから子供は本来の意味でのファルスを把握することができません。本来のファルスはシニフィアンとして象徴界の次元に属するものですが、子供はそれを想像的な仕方でしか

＊4　巨大な男根の形をしたご神体を神輿《みこし》のように担いで街を練り歩く、という祭りが今なお伝統として残っている地域があります。この巨大男根はまさにフェティッシュと言えますが、街の発展とともに風習が廃れはじめ、「卑猥なものを街中で露出するのはいかがなものか」という声が出た結果、軽トラックの荷台にご神体を乗せ、幌《ほろ》をかけて運ぶようになった、という話を聞きました。なかなか面白いエピソードです。仮にこの巨大男根が壊れたり、老朽化して持ち出すのが難しくなったりしたとして、ただ幌をかけただけの空っぽの軽トラを走らせ、「この幌の裏にはご神体がある」ということにするようになったとしたら、**その時、ご神体は真の意味でのファルスとなります**。なぜならご神体はもはや**空虚そのもの**だからです。その時には、実質的なご神体となっている幌がまさにヴェールとしてのフェティッシュ（後述236頁）になるわけです。

把握できないのです。それゆえ、子供が見出すファルスはあくまで想像的ファルスに過ぎません。それは象徴的な仕方でしか解決できない欲望の〈謎〉に対する、子供の想像的な応答です。

では想像的ファルスと本来のファルス（欠如としての象徴的ファルス）はどう異なるのでしょうか。

重要なのは、子供は〈母〉が欠如を孕んだ存在であることをまだ承認していないということです。前述した通り（212頁）、確かに子供はすでに〈母〉の欲望を通じて〈母〉の欠如に触れています。そのことで〈母〉の万能性には陰りが見えはじめているはずですが、あくまで見えはじめてい、い、い、るだけです。

子供はまだ〈母〉の欠如を完全には見ていません。〈母〉の欠如や〈母〉の欲望を目の前にしても、まだ欲望の何たるかを知らない子供は、それをうまく把握できません。

それゆえこの期に及んでも、子供はまだ「万能の存在としての〈母〉」というイメージを手放さないのです。〈母〉の中に何か〈欠けたもの〉を朧《おぼろ》げに見出しても、それは自分の手で埋め合わせることが可能だと思います。そこで子供が見出すのが想像的ファルスです。それは子供が自身のイメージ世界（想像界）の中で〈母〉の欠如を埋め合わせるための依り代です。

このことで、想像的ファルスはまた〈母〉の万能性のしるしになります。子供は自分が想像的ファルスと化すことで、〈母〉が万能の存在のままでいてくれると信じます。このように想像的ファルスは欠如としてのファルスではなく「欠如を認めないためのファルス」です。〈母〉の欠如を認めず、〈母〉を万能の存在だということにしておくためのファルスです。

〈母〉の欲望という〈謎〉に触れた子供は、想像的ファルスを「ご神体」とする「〈母〉の万能性信仰」を生み出してこの〈謎〉に対応したのです。この信仰は、子供がエディプス・コンプレクスの全行程を歩み終えるまで維持されることになります。

## 不満《フラストレーション》から剥奪へ——剥奪者としての想像的父

不満《フラストレーション》の中で子供が（理解できずとも）〈母〉の欲望に触れるようになると、もうエディプスの次段階への移行は約束されています。なぜなら欲望がつねに〈他のもの〉に向かう以上（193頁）、子供は「〈母〉が自分以外に欲望するもの」を目にせずにはいられないからです。もちろん繰り返すように子供はまだ欲望の何たるかを知らないので、単に「〈母〉には自分以外にも興味を持つ人がいる」という程度の発見かもしれませんが。

そこで「〈母〉が自分以外に欲望するもの」として子供の前に現れるのが〈父〉です。この段階での〈父〉は、まだ前述した（203頁）〈法〉をもたらす象徴的父（《父の名》）ではありません。そうではなく「自分以外に母に欲望されている人」一般を意味するものであり、子供が〈母〉との関係においてライバル視する誰かを指します。

このような〈父〉は想像的父と呼ばれます。〈母〉の欲望を惹きつけるこの存在に子供が嫉妬し、決闘《デュエル》の意志をもって対応するのであれば、想像的父の座を担う人は誰であっても構いません。

想像的父とは、子供にとって、〈母〉の想像的ファルス（つまり〈母〉の万能のしるし）を剝奪するものとして映るすべての存在です。剝奪者としての想像的父が現れてくると、子供はもう〈母〉の愛への不満《フラストレーション》にやきもきしている場合ではなくなります。一番重要なことが「〈母〉の愛を得るために〈母〉のファルスに同一化する」ことから「〈母〉のファルスを剝奪する想像的父をどうにかする」ことへとシフトするからです。

このことで、本格的にエディプス・コンプレクスが形成されはじめます。剝奪者としての想像的父が登場する契機をラカンは「エディプス第二の時」と呼びます。「第一の時」は「前エディプス期」だったので（211頁）、第二の時が実質的な「エディプス期」の始まりです。

それまで子供は、想像的ファルスへの同一化によって〈母〉の欲望（欠如）を認めまいとしていました。しかし想像的父という「〈母〉の他の対象」が出現すると、〈母〉の欲望の何たるかをまざまざと見せつけられます。欲望はつねに「他のもの」に向かいます。一つの対象で欲望という欠如を埋めることはできません。子供がこの欲望の性《さが》を見せつけられる時が、想像的父の登場の契機なのです。

想像的父を前にして、子供は「自分では母の欠如を埋められないのではないか」と思うようになります。子供は〈母〉の中に「**自分ではどうすることもできない欠如**」を認めざるをえなくなります。そしてそれを認めることで「〈母〉の万能性信仰」には決定的な亀裂が入ります。

不満《フラストレーション》の契機（の後半）の中で〈母〉の欲望（欠如）が見えはじめたときに、〈母〉の万能というイメージはすでに崩れかけていました。そこで子供は想像的ファルスへの同一化によって「〈母〉の万能性信仰」を生み出し、これに対処しました。しかし想像的父の登場とともに、もはや〈母〉の欠如は疑いえないものとなります。子供は、まだ欲望の何たるかを知らないものの、しかし〈母〉に欠如があること自体は認めなくてはならなくなるのです。

## 剝奪から去勢へ①――「ぜんぶあいつのせいだ」

しかし、それでも「〈母〉の万能性信仰」はまだ完全には崩壊しません。なぜなら子供は、剝奪者《じゃまもの》である想像的父を排除することで〈母〉の万能性を取り戻せると思うからです。つまり子供は〈母〉に欠如があることを一方では認めるものの、その原因は〈父〉（想像的父）が想像的ファルスを奪ったことにあると信じます。それは、想像的父による剝奪が行われる前は想像的ファルスが存在していたという新たな教説です。子供は、想像的父から想像的ファルスを取り戻せば〈母〉は再び万能になると思い、〈母〉の万能性信仰を守り抜くのです。

抽象的な話が続いてきたので例を挙げてみると、よく聞く「昔の日本は良かった」という回顧主義も「剥奪者としての想像的存在を想定する」ことで成り立っています。こういう主張は、えてして「新しく登場したもののせいですべてが駄目になった」という信仰を守るために、過ぎた時代を理想化しているだけです。本当に昔の日本が黄金郷《エル・ドラド》であったかはどうでもよく、今ある不幸を誰かのせいにしたいだけです。この思想が過激化すると陰謀論ができあがります。

どんな時代にもそれ相応の不幸が生まれていたのであって、完璧な時代などなかったのです。その時代が黄金期に見えるのは、単にイメージの中で理想化されているからです。そう、それと同じく、万能の存在としての〈母〉などどこにもいなかったのです。それはあくまで「〈母〉の万能性信仰」、つまり子供が信じようとしていただけのものです。子供は、剥奪者としての想像的父をライバル視する段階を越えて、《他者》には初めから欠如があり、万能の存在ではなかったということを認めていかなければなりません。それがエディプスの次段階です。

しかし上のような回顧主義者と「〈母〉の万能性信仰」に縋《すが》る子供とを同列に語るのは

可哀想です。なにしろ、子供は寄る辺ない存在なので、つねに《他者》の庇護を求めることでしか生きていけなかったからです。自分にとって唯一の「頼れる人」が万能であってほしいと思い、万能の人から愛されることで安心感を得たいと願うのは人情です。

例えば局部麻酔で外科手術をすることになったとき、人はまさに寄る辺ない状態に置かれます。執刀医の腕を信じるしかありません。もし手術中に医者が「あっ！」と叫んだら、ものすごい不安感が襲ってくるでしょう。仮に医者が「失敗するかもしれないなあ」とでも言ったら、「ふざけるな」と思うでしょう。「医師免許持ってるんだろ、どうにかしてくれ」と。

〈母〉の万能に縋る子供もこれと同じような状況にあります。〈母〉が万能でないことを認めれば、唯一の頼れる存在が頼りない存在になってしまいます。子供が〈母〉への要請に依存している以上、〈母〉の欠如の問題は自分自身の欠如の問題でもあります。さらに子供は〈母〉の欠如を埋めるファルスに同一化しているので、〈母〉の埋められない欠如を認めることは、自分の存在意義を脅かします。だから子供はなかなか欠如を受け入れられないのです。

**剝奪から去勢へ②――〈母〉は初めから去勢されていた**

しかし、医者に全てを委ねなければならない手術患者の場合とは異なり、子供は単に受動的な存在ではありません。実際に子供は〈母〉の欲望という〈謎〉と自分の身で対決し、「想像的ファルス」というその暫定的な答えを見出していました。だから子供には《他者》が万能の存在ではないということを受け入れても、そこから新しい答えを見つけられるだけの主体性があるのです。

「〈母〉は万能ではないので、すべてを与えられるわけではない。〈母〉は一番大事なものを与えてくれない（拒絶）のではなく、与えられない（不可能）のだ」という事実を目の前にして、子供は「では自分自身はどう生きていくか」という主体的な選択を下す必要に駆られます。そこで子供が行う選択が、その後の人生の基盤となっていくのです（主体が無意識の主体である以上、それは無意識の選択でしかありませんが）。

子供が〈母〉の根本的な欠如をついに受け入れる契機がラカンの言う「エディプス第三の時」であり、フロイトが「エディプス・コンプレクスの終焉《しゅうえん》」と呼んでいる時です。つまりエディプス・コンプレクスからの出口です。

エディプス第三の時は、子供がようやく〈母〉という《他者》の欲望の何たるかを知り、欠如としての欲望を受け入れる段階です。そこでは、欲望の欠如を塞ぐための想像的ファルスの効力が消失します。子供は「〈母〉の欠如を埋め合わせる想像的ファルスなど最初からなかったのだ。ファルスとはむしろ埋めることのできない欠如そのものだ」と思うようになります（もちろん「ファルス」などという言葉は知らないでしょうが）。そこでファルスは「〈母〉の万能のしるし」（想像的ファルス）から「〈母〉の欠如のシニフィアン」になります。

　こうして明らかになる「欠如そのものを示す欲望のシニフィアンとしてのファルス」こそ真のファルス、つまり象徴的ファルスです。子供は〈母〉が欲望する存在であることを真に受け入れ、ファルスを欲望の水準で捉えるようになります。つまり欲望の原因となるものが「決して埋め合わせられない欠如」であると把握し、欲望が欠如そのものに依拠して機能するということを初めて知るのです。

　ついにここで子供が受け入れる〈母〉の本質的な欠如を去勢と呼びます。剥奪が「あったものをなくす（奪う）」ことを表す概念であったのに対し、去勢は「初めからない」ことを意味します。この意味で、欠如そのものを示す象徴的ファルスとは去勢を内在化したファルスだと言うこともできます。[*5]

「去勢」という言葉は一般的には「ペニスを切り取ること」を意味しますが、ラカン的な意味での去勢はだいぶ異なっています。

　まず、ラカンにおいて、去勢はつねにすでに行われてしまっていることです。子供の誕

＊5　（小文字の）φを想像的ファルス、（大文字の）Φを象徴的ファルスとすると、「Φ＝−φ」という等式が成り立ちます。−φとはつまり去勢のことです。

生以前から〈母〉は想像的ファルスを持っていなかった、つまりすでに去勢されていたのです。ただ象徴界における「欠如としての欲望」を把握できない子供の想像界が「去勢されていない〈母〉」というイメージを作り出していただけです。

そしてフロイトが主に問題としたのは「子供の側の去勢」、つまり「ペニスを奪われる」（男の子）とか、「そもそもペニスを持っていない」（女の子）という問題だったのに対し、**ラカンにおいて問題となる去勢はつねに〈母〉の去勢です。**

フロイトは「男児は去勢されることの不安（去勢不安）、女児は去勢されていないことへの羨望（ペニス羨望）によってエディプス・コンプレクス（における父親への憎悪／母親への失望）を克服する」と述べましたが、ラカンは、性別に関係なく「主体は〈母〉の去勢を受け入れることによってエディプス・コンプレクスを克服する」と考えます。ラカンがフロイトの用語を相当改変していることがわかります。

### 剝奪から去勢へ③——現実的父の登場と《父の名》の導入

このように子供が〈母〉の去勢を受け入れ、剝奪の契機（エディプス第二の時）から去勢の契機（第三の時）へと進んでいくためには、〈父〉の別の側面が明らかになる必要があります。それは、剝奪者としての想像的父ではない、去勢の責任者としての現実的父です。

想像的父はあくまで「想像的ファルスを奪うライバル」だったので、あまり〈父〉らしくありませんでしたが、現実的父の方はいっそう〈父〉としての機能を果たしています。現実的父とは、一言で言えば「象徴的ファルスを持つ存在」です。象徴的ファルスとはつまり〈母〉の去勢（〈母〉の根源的欠如）を意味するファルスなので、現実的父は子供にとって、どのように〈母〉の去勢（〈母〉の欲望）に対処していくかの指標を与えます。

なぜこの〈父〉が「現実的」と呼ばれているかについては、いくつかの考え方が可能だと思われます。ここでは「子供の想像界の中で剝奪者《ライバル》として歪められていない〈父〉の実際の姿だから」だと説明しておきましょう。

剝奪者としての想像的父への憎悪を抱いていた子供が〈母〉の去勢を受け入れるようになると「〈父〉は思っていたほど悪い奴ではないのではないか。むしろ〈母〉に欲望という欠如があることを教えてくれたのではないか。その意味で〈父〉は自分に良いものをもたらしてくれたのではないか」と思いなおすようになります。

ここで〈父〉が与えてくれるのが「欲望のシニフィアンとしての象徴的ファルス」であり、〈父〉は単に想像的ファルスを奪う存在から、象徴的ファルスを与える存在になります。それは不満《フラストレーション》の中で子供が要請していた「〈母〉の愛の贈与」とは異なる、新しい形の贈与です。

〈父〉が与えるのはファルスだけではありません。〈父〉には想像的父・現実的父と異なるもう一つの側面、つまり〈法〉を与える象徴的父（《父の名》）という側面がありました

（203頁）。エディプス第三の時は、子供が〈母の法〉から抜け出し、真の〈法〉を受け入れるようになる時でもあるのです。

〈父〉はすでにエディプス第二の時の時から現れていましたが、子供は万能の〈母〉の世界（それは〈母の法〉の世界でもあります）の中に閉じこもることを望み、想像的父を邪魔者扱いしていました。しかしエディプス第三の時に子供は〈母〉の去勢を受け入れ、〈母〉の世界がすべてではないことを知ります。

そうなると、〈父〉は自分と同じレベルにある（それゆえライバルになる）想像的父ではなく、象徴的父として、自分を超越したところにいる存在になります。そのことで子供は、〈母の法〉の中で生きていくことをやめ、普遍的な〈法〉の中で、〈母〉と共に生きていくようになるわけです。〈父〉は現実的父としてファルスという欲望のシニフィアンを与えるだけではなく、同時に、象徴的父として〈法〉も与えるのです。

## 分岐点――エディプス脱出と性別化

このように子供が現実的な父を通じて〈母〉の去勢を受け入れ、象徴的父の〈法〉の中で生きるようになることで、エディプス・コンプレクスの全行程が終了します。

しかし、ここでまた複雑になって申し訳ないのですが、エディプス・コンプレクスの完了の仕方には二つのルートがあります。〈法〉の中で生きるようになるという点では一つの道しかないのですが、〈母〉の去勢を受け、欲望にどう対処していくかという選択に関して、二つの道が存在しています。

この選択は、主体の性別化に関わるものなので重要です。つまりエディプス・コンプレクスの解決としてどちらのルートを選んだかによって、その主体が〈男〉であるか〈女〉であるかが規定されるというわけです。反対に言えば、ここまでの行程で語ってきた「子供」は、まだ性別を持たない存在です。

精神分析にとって性差は、例えば「ペニスをもつかヴァギナをもつか」という生物学的（解剖学的）な特徴によって決定されるものではありません。〈男〉や〈女〉という性別はあくまでシニフィアン的なものであり、人間固有の象徴的世界の中で決定されるものです。人が「女というものは」「男というものは」などと語る時、そこで言及される「女」「男」が単に生物としての雌雄の問題ではないことは明らかでしょう。

また人は自分の性別を主体として選択するということも重要な点です。性別とは自然の力によって生まれながらにして決まっているものではなく、エディプス・コンプレクスの出口としてどちらのルートを選択したかによって決定されるものであり、つまり主体自身の手で選び取られるものなのです。もちろん選択といってもこれはあくまで無意識の主体の選択なので、自分は選択していることを知りませんが。

多くの場合「解剖学的に男性とされる子供」が〈男〉のルート、「女性とされる子供」

が〈女〉のルートを選んでいるかもしれません。性の選択は主体的なものではあっても、周囲の影響（つまり性別に関する既成概念）を大いに受けるからです。そもそも主体とは自発的なものではありません（75頁）。だから選択といっても通常の意志的な選択ではありません。しかし「女性とされる子供」が〈男〉のルート、「男性とされる子供」が〈女〉のルートを選ぶということは可能であり、実際にそういった選択がなされていることも多々あります。

では最後にそれぞれのルートを語って、この章を終わりにしましょう。

## ルート1：存在《ある》から所有《もつ》へ——〈男〉の場合

まずは、精神分析的に〈男〉と呼ばれるルートを見ていきましょう。

〈母〉の去勢を承認する時、子供は、自分が想像的ファルスとなって〈母〉の欠如を埋め合わせる、というそれまでの選択を捨てます。その代わりに一定数の子供たちが選ぶのは、象徴的ファルスを所有するというルートです。

それまで子供は〈母〉の想像的ファルスに同一化していたのですが、想像的ファルスが失効すると、同一化の対象が変わります。去勢の契機において子供は〈父〉を理想化し、〈父〉（現実的父）のように（象徴的）ファルスを〈持つ〉ことを欲望します。つまり「ファルスを持つ存在としての〈父〉に同一化する」ことを、このルートの子供たちは選ぶのです。

それまで子供は〈母〉のファルス〈である〉こと（つまり〈母〉の想像的ファルスとして自分自身を作り上げること）に存在意義を見出していました。しかし現実的父が示す象徴的ファルスは、ファルスとの別の関係性を示します。それはファルスを〈持つ〉という所有の関係です。このように〈存在〉（ファルスである）から〈所有〉（ファルスを持つ）への移行が、エディプス・コンプレクスから脱け出す一つの道となります。

子供は「自分が想像的ファルスとなって〈母〉の万能性を復活させることは不可能なので、現実的父のように象徴的ファルスを持つことで、自分の欲望を満たしてくれる対象を探そう」と思うようになります。エディプス・コンプレクスを通して欲望の何たるかを知ることによって、それまで〈母〉という《他者》のものでしかなかった欲望を自分の欲望として身につけるようになるのです。

そして主体は自分の欠如を埋めてくれる対象を他所に探すようになります。自分がファルスになることは止め、自分の外部にファルスを探しに行きます。例えば「欲望を要請に還元している」（196頁）神経症者は、愛の要請の関係、つまり恋愛の中で出会う恋人をファルスとして捉えます。愛の要請を向ける（直接的な）対象はもはや〈母〉ではなく、他の誰かになったのです。

しかし去勢の契機（エディプス第三の時）に至った主体はもう、欲望の何たるかを会得しています。主体は愛の要請を欲望の水準で把握しており、要請が欲望を満たすことのできないものであることを（無意識的には）知っています。だから自分の恋人が真に愛の要請に答えてくれているのか、この恋人が本当に自分にとって真の欲望の対象（ファルス）なのか、という疑いがつねに生じます。主体が探し求めるのはあくまで象徴的ファルス、つまり形を与えられない欠如です。そうである以上、どんな見せかけの対象によっても欲望の満足は得られず、「自分は何を望んでいるのか」という欲望の〈謎〉が現れざるをえないのです。

だからこのルートを選んだ主体は、欲望の中で象徴的ファルスの所有を求めながらも、結局それを果たすことはできません。主体の欲望は不可能なものに向かっています。主体が真に欲望するのは、決して手に入らない何かです。それゆえこの主体にとって、所有はつねに曖昧なものになります。主体は自分が所有しているものが「本物」（のファルス）ではないとどこかで気づいており、いつもそれに疑いの目を向けざるをえません。主体の欲望は「疑い」という形をとる〈謎〉の中でこそ機能するのです。

### ルート2：仮装《マスカレード》によるファルスへの同一化――〈女〉の場合①

もう一方のルートを選択する主体が〈女〉と呼ばれます。この第二のルートは「〈母〉の去勢を認めたうえで、やはり《他者》のファルスであろうとする」道です。

それでは前と変わらないではないか、と思うかもしれません。しかし実は大きな変化がいくつか生じています。

**第一に、主体は〈母〉のファルスであろうとするのをやめ、〈父〉のファルスになろうとします。**主体がファルスとして自分自身を与える《他者》が、〈母〉から〈父〉に変わるのです。ここでの〈父〉とは現実的父、つまり「ファルスを持っている存在」です。主体は現実的父のファルスになることで、この〈父〉のもつファルスを我がものにしようとします（ただし主体が現実的父と思い込む人は、実際には「現実的父に同一化してファルスを持った気になっている〈男〉の主体」でしかないでしょう）。

ところで「ファルスを持っている人にファルス（としての自分）を与える」というのは奇妙な理屈に見えます。その人がファルスを持っているならば、わざわざ自分がファルスを与える必要はないはずでしょう。

**しかし、これが第二の変化ですが、ここで主体が同一化するファルスはもはやそれまでのような想像的ファルスではなく、象徴的ファルスです。**想像的ファルスは「欠如を埋めるもの」でしたが、象徴的ファルスは去勢を内包したファルスであり、つまり「欠如そのもの」でした。だから「ある人が象徴的ファルスを持っている」とは、「その人に欠如がある」ということと同じなのです。

そしてそれは同時に「その人が欲望する存在であること」をも意味します。去勢の契機を経て欲望の何たるかを会得した主体は、欲望の対象としての欠如そのものに同一化し、相手に自分を欲望してもらうこと自体を欲望します。**主体の欲望は《他者》の欲望そのものに向かうのです。**それは相手の〈欲望という欠如〉に自分の〈欲望という欠如〉を与えること、つまり「欠如を欠如で満たす」という逆説です。

……これは高度に抽象的な論理なのでかなり難解でしょう。もっと具体的な形で語ってみます。

象徴的ファルスへの同一化のために主体がとる手段が「仮装」です。[*6] 仮装《マスカレード》とは、文字通り「仮面《マスク》を付けること」です。(象徴的)ファルスは欠如そのものなので、**主体は仮装というヴェールの裏に「何か」があることを仄めかすという仕方で、間接的に自分がファルスであることを示すのです。**

ヴェールとは何かを隠すものですが、何かがヴェールによって隠されることによって、その「何か」は「隠されているもの」として過大な価値を持つようになります。実際には何もないのだとしても、ヴェールがあるだけで、そこには隠されている何かがあるように見えます。欠如そのものであるファルスには形がないので、ヴェールを通じてのみその存在を示すことができるのです。

これは欠如としてのファルスを形象化しようとするフェティシズムの戦略(218頁)と同じです。主体は自分自身をフェティッシュ化します。フェティシズムとはヴェールの機能なのです[*7]。

## ルート2：〈謎〉としての欲望――〈女〉の場合②

例えば誰かを恋愛的に誘惑したいとして、両手を広げて「好きになってー！」と叫びながら全裸で突進していったとすれば、ドン引きされるだけです。一方的に愛を要請するのは不満《フラストレーション》の契機の子供です。それは、ここで問題となる欲望を踏まえたうえでの愛の要請のやり方ではありません。

恋愛においては一方的に愛を伝えて攻めるだけではなく、時には引くことが重要だとよく言われます。要するに愛と無関心とを小出しに示唆して、相手に「もしかしてこの人は

＊6　この「仮装」という概念は、ラカンがジョーン・リヴィエールという分析家の論文から引用したものです。と言っても、ラカン流のアレンジがかなり加えられていますが。

＊7　ヴェールはあくまで主体が身に着けているものなので、主体が「持っているもの」（脱ぐ＝捨てることができるもの）と言えます。しかし主体はヴェールを通じて、ファルス（欠如）である自分自身を与えています。それは自分そのものであるから「持っていないもの」と言えます。つまりここで愛は「**持っていないものを与える**」という定式を満たしています。一方、主体は愛の中で現実的父のファルスを得ようとしますが、このファルスも象徴的ファルスであり、つまり欠如そのものなので、「持っていないもの」です。したがって相手が愛の呼びかけに答えれば、相手もまた主体に「持っていないものを与える」ということになるわけです。これは「持っていないものを与える」という愛の定式の別側面です。

自分のこと好きなんじゃないか」と思わせるというわけです。

この「もしかして……なんじゃないか」が肝《きも》です。あくまで推測でしかないのです。この「思わせぶり」な態度が原因となって、人はいろいろと考えを働かせます。そうなれば自分の一言一句、一挙手一投足がまさにヴェールとなって、相手の中に〈謎〉を引き起こすようになります。

そう、欲望はまさに〈謎〉として現れるのです。ヴェールはあくまで相手の気を惹くためのおとりです。ヴェールの裏にある〈謎〉を示唆することで、それが相手にとっての欲望の対象となり、相手の欲望が自分に向けられる可能性が生まれるのです。

しかしヴェールをまとう主体自身は、仮装のヴェールがあくまでヴェールでしかないこと、その裏に実は何もないことを（無意識的には）知っています。これが想像的ファルスに同一化している子供との違いです。主体は仮装と知りつつ仮面を付けるのです。

ヴェールの裏の自分自身は空虚でしかないとわかっていながら、主体はどこかで虚しさを感じつつ、ヴェールを身に纏います。このことはまた、ある種の主体に特有の低い自己評価を説明します。自分自身は価値のない、何でもない存在なのに、他人の気を惹くヴェールでそれを隠して誤魔化している、というわけです。しかし主体がヴェールを示すほど、自身の空虚を透けて見せてしまうのです。

相手がヴェールの裏に探している〈謎〉の答えは結局、主体の欲望という欠如であり、つまり「相手に愛されたい（欲望されたい）という気持ち」です。しかしこの気持ち自体が――主体にとっても相手にとっても――〈謎〉です。欲望や恋愛にまつわる事柄は結局〈謎〉でしかありません。一つの〈謎〉の答えは別の〈謎〉であり、この〈謎〉を解くことはできないのです。

エディプス・コンプレクスを経ても、欲望という〈謎〉はやはり〈謎〉のままです。しかし、それでも主体は〈謎〉を〈謎〉として取り扱う術を会得します。そのことで〈謎〉は単に《他者》のものではなくなり、自分自身が〈謎〉を扱えるようになります。つまり**《他者》の欲望という〈謎〉を自分の欲望のために利用できるようになるのです。**

このように、エディプスの解決のためのどちらのルートにおいても共通しているのが、「《他者》の欲望を自分の欲望にすること」です。エディプス・コンプレクスとは子供が固有の意味での欲望を会得していく過程だと述べてきましたが(197頁)、より正確に言うと、それは子供が**《他者》の欲望を自分の欲望として身につけていく過程**です。欲望はあくまで《他者》の欲望であり、《他者》を通じて主体にやってきます。子供は初め《他者》の欲望という〈謎〉に圧倒され、それを認めることを拒みます。しかしやがて主体は《他者》の欲望を身につけ、この〈謎〉を〈謎〉のまま扱う術を学びます。つまり、欲望という欠如を主体としての自分の棲家《すみか》とするのです。

## まとめ——エディプス・コンプレクスの二本柱

本章は長いうえに議論が入り組んでいたので読むのが大変だったでしょう。ここで改めて議論をまとめておきます。

1　人間は生理的欲求を《他者》への要請という形でしか満たすことができません。要請は二重化されて愛の要請が生まれますが、そこには満たされないものが残ります。それが欲望であり、欲望は主体と《他者》との間の分裂そのものから生じる主体の存在欠如を目指します。それゆえ欲望の究極的な対象は欠如そのものです。

2　しかし人は初めから欲望を持っているわけではありません。子供がエディプス・コンプレクスを通じて《他者》の欲望へ向き合うことによって、初めて人は欲望の何たるかを知ります。

このエディプス・コンプレクスには大きく分けて二つの柱があります。つまり《父の名》(象徴的父)とファルスです。

2-1　《父の名》の観点から言えば、エディプス第一の時において、子供は〈母〉という一人の《他者》に左右される〈母の法〉の中に生きています。エディプス第二の時に〈父〉が介入して〈法〉を示しますが、子供は〈母の法〉の世界の中に留まることを

## 2-2

選び、想像的父に抵抗します。しかしエディプス第三の時に子供は象徴的父の〈法〉の中で生きることを受け入れます。

ファルスの観点から言えば、不満《フラストレーション》の契機において、子供ははじめ〈母〉を万能の存在と思い、一方的に〈母〉の愛を要請します。しかし次第に〈母〉が欲望する（欠如を持つ）存在であることが明らかになります。それでも子供には欲望の何たるかが分からず、〈母〉の万能を維持するために、想像的ファルスに同一化して、母の欠如をなかったことにしようとします。

剥奪の契機において〈父〉が介入します。しかし子供は〈父〉を「想像的ファルスの剥奪者」とみなして嫉妬を向け、想像的父による剥奪が行われる以前には〈母〉が想像的ファルスを持つ万能の存在であったと信じます。

しかし去勢の契機において、子供は〈母〉が初めから去勢されていること（万能の存在ではなく欠如を孕んでいること）を受け入れ、〈母〉の欠如の象徴である象徴的ファルスを現実的父から与えてもらおうとします。

ここで主体は二つのルートのどちらかを選択します。

①〈男〉ルート：現実的父に同一化し、現実的父のように象徴的ファルスを持とうとする（存在から所有へ）。

②〈女〉ルート：象徴的ファルスに同一化し、ファルスを持つ現実的父に欲望され

ようとする。

どちらのルートも、欲望を欠如として認めたうえで、《他者》からやってきた欲望を自分の欲望とするための解決案です。エディプス・コンプレクスの出口を経ることで、幼児は初めて「欲望の主体」として形成されるのです。

神経症者はこうしたエディプス・コンプレクスの過程を経て「大人」になっているわけですが、本章で記述したような理想的な仕方でエディプス・コンプレクスを解決できている人はほとんどいません。無意識の水準では〈母〉の去勢を受け入れていても、自我はまだ剝奪（エディプス第二の時）に固執しており、〈母〉の万能を信じようとしている人も多くいます。自分が想像的ファルスとなって誰かの欠如を埋めようとすることは、大人にも見られます。

エディプス・コンプレクスとは欲望の何たるかを知ることだと言っても、それを知るのはあくまで無意識の主体です。意識的な自我にとって、自分や他者の欲望は、エディプス・コンプレクスを経ていたとしても、〈謎〉でしかありません。たとえ〈謎〉を〈謎〉として扱えるようになったとしても、それを扱っている無意識の主体そのものが自分自身にとって制御できない一つの〈謎〉でしかないのです。

だからこそ精神分析という旅を通じて、自分の欲望の隠れた歴史を探る必要があります。

それは、分析の場で改めて欲望という〈謎〉に向き合い、この欲望の原点にある欠如を、つまり《他者》の去勢という事実を再発見して受け入れなおすための歴史探検です。そしてそのための地図を与えてくれるのが、エディプス・コンプレクスなのです。

＊＊＊

さて、これで山場は越えました。ここで読者の皆さんとお別れしてもよいかもしれませんが、まだ一つ語り残している重要な問題があります。

それが現実界の問題です。第四章では想像界と象徴界の関係を語り、本章では象徴界における欲望のメカニズムを語りましたが、まだ現実界という重要な問題が残っています。最後にそれを語りましょう。

お疲れでしょうが、もう少しだけお付き合いください。

【アンコール3】 エディプス・コンプレクスは、今日？

## エディプス・コンプレクスと父権制

フロイトは、エディプス・コンプレクスこそが精神分析の「中核コンプレクス」、つまりあらゆる分析の行き着く先だと述べました。しかしこの考えは現代にも通用するでしょうか。

フロイトが生きていた時代のヨーロッパ社会では父親が絶大な権力を持っていました。フロイトのエディプス・コンプレクスは、そうした父権制（家父長制）を前提としています。フロイトや当時の患者たちが生きていたのは、父親が家庭の中心となり、自分の妻や子を支配・統御する社会です。だからこそ精神分析にとってエディプス・コンプレクスが中心的なテーマとなったのでしょう。

他方、ラカンは〈父〉や〈母〉をあくまでシニフィアン的なもの、つまり寄る辺ない幼児が身を託す《他者》として捉え、フロイトの議論を構造化・論理化しました。ラカンにおいて〈父〉や〈母〉はあくまで《他者》（あるいは「《他者》の《他者》」）の座として捉えられ、必ずしも「お父さん」や「お母さん」を指すものではなくなる、と本文で述べました（182—184頁）。

しかしそれはフロイトの主張を構造的なレベルで正当化しているに過ぎないのではないか、という批判もありえます。つまりラカンは、「父親」や「母親」の既成概念を概念化・抽象化することで、普遍的で強固なものとして通用させようとしているのではないかと。父権制を構造的な運命として押し付けようとしているのではないかと。

あくまで構造化されている点を除けば、ラカンは「子供を育てるのは母である」「母よりも父が高い地位にある」「男女の欲望を支配するのはファルスである」などと言っています。つまり〈母〉を育児担当者として捉え、〈父〉を規範として捉え、欲望を「ファルスへ向かうもの」として捉えているわけです。

「ファルスはペニスではない」(216頁)と言ったところで、欲望のシニフィアンに「ファルス」という名を与えている以上、ファルスという概念が本当に「ペニス」を前提とせずに出来上がっているのかは疑問でしょう。[*1] そう考えれば、ラカン理論は確かに父権制や男根《ファルス》中心主義に基づく思想だと言えます。

＊1　この問題に取り組んだ代表的文献として、ジュディス・バトラーの『問題《マ》＝物質《ター》となる身体――「セックス」の言説的境界について』(佐藤嘉幸監訳、竹村和子、越智博美ほか訳、以文社、二〇二一年)の第二章「レズビアン・ファルスと形態的想像界」があります。

## ラカンの「古名の戦略」？

ラカン理論を好意的に捉えれば、「フロイトや世間一般が用いている「父」や「母」という言葉をあえてそのまま用いることで、その意味を新しいものに変えている」とも考えられます。つまり「人は意味も分からずに父や母という言葉を（想像的な仕方で）使っているけど、その本質は《他者》の世界における一機能に過ぎない」という事実を明らかにすることで、「父」や「母」に通常与えられている意味作用を解体していく、というわけです。

「古い言葉を捨てて新しい言葉を発明するのではなく、あえて古い言葉を（そこに隠されている）別の意味で用いることで、言葉の伝統的な意味を解体・革新していくこと」を、現代哲学の世界では「古名の戦略」と言います。これは二〇世紀フランスの哲学者ジャック・デリダが唱えたスローガンです。

その意味では、ラカンが行っているのも実は一種の古名の戦略だ、と言うこともできるでしょう。つまり「父」「母」「ファルス」という言葉を用いながらも、その言葉の意味内容を変えることによって、父権制の伝統をずらしているというわけです。

しかしまあ、ラカン自身がそう考えていたかどうかはわかりません。ラカンには保守主義的な面もあります。ラカンによって構造的機能にされた〈父〉や〈母〉は、それなりに一般的な「父母」の通念と合致するものであり、どこまで父権制の伝統を解体できているかどうかは疑問です。

しかし、少なくともラカン理論をそのように読むことはできるでしょう。つまり現代の私たちは、ラカンの読み方次第では、ラカン理論を父権制解体のための道具として使うこともできるというわけです。

## 性別化にはうまくいかないものがある

エディプス・コンプレクスからの出口として示される〈男〉〈女〉の二ルートについて言えば、ラカンは男性性や女性性を生物学的なものと見なすのではなく、象徴的なものとして規定し、そこに主体の（無意識の）選択という要素を導入しています。この点において、ラカンのセクシュアリティ論は生物学的な本質主義を否定しており、ある程度進歩的です。

しかしそこでの〈男〉や〈女〉はやはり既存のイメージをある程度踏襲しています。そもそも〈男〉と〈女〉の二つのルートしかないという主張は性的二元論《バイナリズム》と言えますし、また両性の欲望は異性愛を前提としています。さらに〈男〉と〈女〉の間には「ファルス」という（結局はどこか男性的な）一つの欲望のシニフィアンしかなく、〈男〉は〈女〉をファルスとして所有することを欲望し、〈女〉はファルスとなって

〈男〉に愛されることを欲望するという主張は、紛れもなく男根《ファルス》中心主義的です。

ただしここで念頭に置いていただきたいのは、ラカンはファルスによる性別化にはつねに欠陥があると考えていたことです。『精神病』というセミネール（一九五五―五六年）の中でラカンは、ある種の神経症者（ヒステリー者）が分析で問題とする欲望の〈謎〉は「自分は女なのか男なのか」に還元されると言っています。[*2]

なぜなら性別化はファルスという唯一の（男性的）シニフィアンによって行われ、象徴界には女性性を表す固有のシニフィアンが欠けているからです。象徴界は男性中心的（男根《ファルス》中心的）な構造をしており、〈女〉であることは「ファルスであること」によってしか規定されません。だから主体は本当の意味で「〈女〉である」とはどういうことかを象徴界の中で知ることができず、女性性という〈謎〉に圧倒されて苦しむのです。

つまりファルスを通じて性別化が行われるにせよ、ファルスはポンコツなので、性別化は完璧なものにはなりません。そこには必ず「うまくいかない」ものが生じるのです。

一九六〇年代後半から、ラカンは「ファルスを基準として規定されるのではない女性性」への問いに着手しはじめます。エディプス・コンプレクスは男性であるフロイト個人が作り出したものであり、いわば男性神経症者としてのバイアスがかかっています。だからそれは女性性を捉えきれないのです。ラカンは、フロイトを越えて、エディプス・コンプレクスの外部にある〈女〉なるものを捉えようとしました。ラカンは単に構造化を通じてフロイトのエディプス・コンプレクスを擁護しようとしただけではありません。特に後期のラカンは、エディプス・コンプレクスの再検討を通じて、フロイトが見損なっていたもの、フロイト自身の無意識的な抵抗が捉え損ねていたものを明らかにしようとしたのです。

## エディプス神話を越えて

結局、エディプス・コンプレクスとは、寄る辺ないまま《他者》の世界に生れ落ち、《他者》の欲望という〈謎〉に直面した子供が、自分の手で作り上げる神話《ものがたり》だと言えます。「自分の手で」と言っても子供は周囲の影響を大いに受けるので、父権制が残

＊2　一方、別の種類の神経症者（強迫神経症者）においては、欲望の〈謎〉が「**生きているか死んでいるか**」に還元されます。《他者》の世界はどこまでも異境であり、それはシニフィアンという機械的な、死んだものに支配されています。そこには「自分自身のもの」がなく、主体は「死んだように」日々を送り、「本当に「生きている」とはどういうことか」が一つの〈謎〉になります。だから主体は生を実感させてくれる対象を探すのです。

っている社会ではその神話も父権的なものとなります。

フロイトや患者は自身が作り上げた神話を（自己）分析の中で語り、それがまとめ上げられて一つの理論になりました。一方、ラカンはそれに対して一種の神話学者のような仕事をしました。つまり「山から巨人が下りてきて貢物を要求した」という神話の背景に「これは当時起きた土砂崩れを表していて……」という歴史的事実を見出し、神話が生まれた原因を探るような仕事です。ただし神話の真理を歴史的出来事や習俗に求めるタイプの神話学者とは異なり、ラカンはエディプス神話の真理を《他者》の構造の中に求めたのです。

社会が変わり、欲望の形も変われば、精神分析にとってエディプス・コンプレクスは必ずしも必要ではなくなります。新たな時代には新たな「中核コンプレクス」が生まれてくるでしょう。そして分析臨床の中での患者の新たな語りを元にして、精神分析理論も変わっていかなければなりません。理論を改革できるのは新しい分析主体の、新しい精神分析だけなのです（本来、それこそが「パス」の目的（103頁）でしょう）。

それでも、きっと変わらないものがあります。それは、人間の幼児が寄る辺ない存在であり、保護者・養育者としての《他者》を必要とすること、そして《他者》が欠如を孕んだ、欲望する存在であるということです。エディプス・コンプレクスがなくなっても、欲望の〈謎〉は残るのです。

# 第六章　不可能なものに賭ければよいと思ったら大間違いである
## ――現実界について

本章のテーマは〈不可能なもの〉です。

私たちは多かれ少なかれ〈不可能なもの〉を抱えています。「自分はすべてを持っている、なんでもできる」と言える人はいないでしょう。確かに、大人になるにつれて、愛を知り、知識や財力を手に入れると、できることが増えていくように思えます。しかし、何かを手に入れれば手に入れるほど、本当に欲しいものが遠ざかっていく――そう感じている人も多いのではないでしょうか。

〈不可能なもの〉は、人の心を強く惹きつけます。入手不可能と言われた稀覯本《きこうぼん》ほど欲しくなるものです。ある人に会えないことがわかっているだけに、会いたい気持ちがますます高まってきます。

このことは、考えようによってはとても辛い事実です。自分が心から欲しいものに限って、決して手に入りはしないのです。仮に努力や幸運によって不可能だと思っていたものが手に入ったとしても、今度はまた別の〈不可能なもの〉が欲しくなってしまうことでしょう。これはつねに〈他のもの〉を求める欲望の必然です（193頁）。

本章の議論は、そうした〈不可能なもの〉の泥沼から抜け出すための助けになってくれるかもしれません。

## 象徴界を越えて——純粋な不可能性としての現実界

さて、私たちの旅もいよいよ終盤ですが、ここまで紹介してきた議論は一九五〇年代のラカンの理論に過ぎません。ラカンの仕事が本格的に始まったのは五〇年代からですが、一九八一年に亡くなるまで、ラカンの歩みは止まることがありませんでした。したがって、ここまでの議論は、単純計算でラカン理論のわずか三分の一に過ぎないわけです。重要なのに紹介できなかった議論は山のようにあります。しかし、あまり解説しすぎてもいたずらに頁数を増やすだけなので、そろそろ最終的な結論に向けた準備を始めなければならないでしょう。

しかしその前に一つだけ、語らずには済ませられないことがあります。

それは現実界の問題です。

ここまで解説した五〇年代のラカン理論においては、現実界の問題が脇に置かれていました。それは、ラカンの関心があくまで象徴界に向いていたからでしょう。当時の精神分析界は、無意識の象徴的構造や欲望について語るような人は皆無に近い状況にありました。だからこそラカンは、「精神分析を考える際には象徴的なものの問題を避けて通れない」と強く主張する必要があったのです。

確かに五〇年代のラカンはあまりに象徴界を重視しすぎており、情動や快楽（享楽）などといった、象徴的なものの枠組みでは語れない問題を二次的なものにする面がありました。しかし象徴的なもの以外にもそれに負けず劣らず重要な問題があり、それらは決して無視できません。ラカンが次に向かうべき場所は、もはやシニフィアン理論がそのまま通用しないような、象徴界の埒外だったと言えるでしょう。

一九六〇年代に入ると、それらの問題を考えるために、ラカンは現実界の探求を主題とするようになります。六〇年代のラカンのメインテーマは、現実界を理論化することだったと言っても過言ではありません。

そのことと関連して、六〇年代に入ると現実界の定義に変化が見られるようになります（これは129頁でも触れました）。

それまでの現実界は「純粋な物質世界」のような意味で使われていました（128頁）。しかし六〇年代において、現実界は「象徴界が扱うことのできない不可能な領域」として再定義されます。現実界という用語にそれまでこういった意味合いが皆無だったわけではありませんが、現実界の不可能性がより強調されることとなったのです。

象徴界が現実界を扱えない以上、想像界もまた現実界を扱うことができません。何度も繰り返すように、想像界は徹頭徹尾、象徴界によって統御されているからです（124頁）。かくして現実界とは、イメージ（想像界）でも言語（象徴界）でも捉えられない純粋に不可能な領域であるということになります。現実界はもはや「物質世界」のような実体を持ったものではなくなり、象徴界の穴そのものとして捉えられるようになったのです。

## 象徴的無意識と現実的無意識

なぜここまで現実界の不可能性を強調しなければならないのでしょうか。それは、精神分析の構造自体に関わっています。

精神分析はあくまで言語に立脚して行われる臨床実践です。なぜそんな臨床が可能なのかというと、無意識がシニフィアンから成り立っており、言語的な構造を持っているからです（156頁）。

こういった無意識は象徴的無意識と呼ばれます。ここまで解説してきたような無意識はすべて象徴的無意識だと言えます。無意識の形成物がシニフィアンによって構造化されているというような議論（167頁）は典型的に象徴的無意識に関するものです。

しかし六〇年代に入ると、言語という視点だけでは無意識のすべてを捉えられないと考えられるようになります。つまり無意識は言語だけではなく、後述する享楽や対象*a*などの非言語的なものとも関わっているのです。こういった領域にかかわる無意識は言語的（象徴的）ではなく、かといってイメージ的（想像的）にも捉えられないので、現実的無意識と呼ばれます。

かくして、精神分析では象徴的無意識のみならず現実的無意識も扱わなければならないということになります。

しかし、それは相当に困難な道です。なぜなら現実的無意識が言語的構造を持っていないとすれば、それを精神分析において扱うことはもはや不可能に思えるからです。精神分析の臨床が言語に立脚している以上（17頁）、現実界には手も足も出ません。

だからといって現実界を無視して構わないということにはなりません。そこで、精神分析は次のように考えます。

確かに現実界は言語とは別物です。しかし、私たちはあくまで象徴界の住人なので、言語を介して現実的なものに接しています。だから現実界そのものを直接扱うことが不可能だとしても、現実界に向き合う私たちの態度は、言語を介して変えられるのです。その限りでは、精神分析においても現実界を扱うことができるということになります。

ラカンはある場所で、「精神分析の実践とは、人間が象徴界によって現実界を取り扱うのを可能にすることである」と述べています。現実界が問題になるといっても、精神分析が象徴的なものしか相手にできないことに変わりはありません。だから精神分析にとって

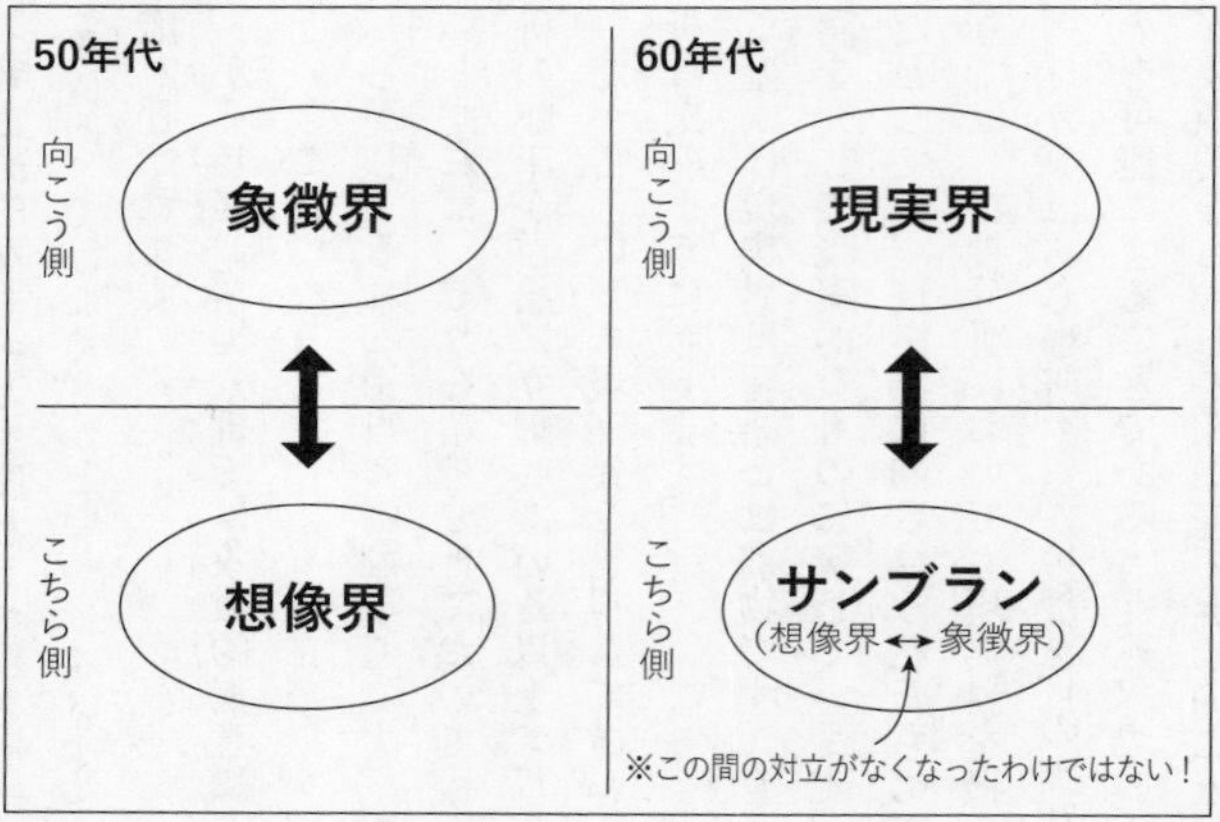


図11

重要なのは、象徴界の中で〈不可能なもの〉の存在を明らかにし、この不可能なものとして現れる現実界に主体がどのように応答するかを扱うことなのです。

## 対立軸の移行

少し形式的すぎるかもしれませんが、ここまで解説したラカン理論の変容を図11に示しておきたいと思います。

五〇年代のラカン理論の中心にあったのは、想像界と象徴界の対立です。想像界とは鏡像段階に代表されるような双数＝決闘《デュエル》の領域で、愛憎入り乱れる不穏な世界です（142頁）。想像界の罠から脱するためには、想像界を統御する象徴界の機能、特にファルスや《父の名》の動きを見て取らなければなりません。そしてそのためには精神分析の場で、無意識の〈法〉や〈法〉に従って作用する欲望を明らかにすることが不可欠だったわけです。

ここでは私たちが日常を過ごしている〈こちら側〉が想像界で、精神分析の場で扱われる〈向こう側〉が象徴界であるとされます。そこで現実界は主要な問題になりません。

しかし六〇年代に入ると、想像界と象徴界の対立は背景に退きます。そもそも想像界が象徴界に統御されている以上、その対立は上辺《うわべ》だけのものとも考えられます。実のところ、両者は二つで一つのシステムであると言ってもそう間違いではありません。したがって想像界と象徴界は「見せかけ《サンブラン》」の名のもと一つにまとめられます（この名前の由来は後述します）。そしてそれと対立するものとして、現実界が位置づけられるようになります。

したがって、ここでは日常的な経験が成り立つ〈こちら側〉は幻想で、普段はアクセス不可能な〈向こう側〉が現実界だと言えます。六〇年代のラカン理論の中心となるのは、見せかけ《サンブラン》と現実界の対立なのです。

以上を導入として、ここからは、見せかけ《サンブラン》と対立するものとしての現実界について語っていきたいと思います。ただし、繰り返しますが、紙幅が限られているので、あくまで外郭を説明するに留めます。

## 欲動と欲望の違い

ここでまた新しい用語に加わってもらいたいと思います。それは「欲動」です。前章で扱った「欲望」と字面が似ていますが、欲望の原語は〈désir〉、欲動の原語は〈pulsion〉なので、全く別の語です。

では両者はどう異なるのでしょうか。前章で語ったように、欲望はファルスというシニフィアンにとって統御されており、象徴界の〈法〉に従っています（前章の言葉で言えば、《父の名》が機能しないとファルスの作用も働きません）。**それに対して欲動は〈法〉をはみ出すような過剰なものです。**

欲動はフロイト由来の概念であり、**「肉体と精神の狭間で、人間を満足へ向かって駆り立てる根源的な力動」**を意味します。欲動は肉体の次元を含むものであり、鏡像段階によってイメージ的な「身体」が成立する（114頁、134頁）前から働いています。人間は《他者》の世界に入る前から「欲動の満足を得る」という根源的な目標を持っているのです。

この意味で欲動はもっとも根源的な人間の行動原理です。欲動の満足は享楽と呼ばれます（ただしこれはラカン独自の用語です）。人間は「欲望する存在」である以前に、「享楽する存在」なのです。

〈法〉は欲動の動きを制御しようとします。しかし欲動は〈法〉を振り切ってでも満足

〈享楽〉を目指します。欲動は本来現実界から生まれるものであり、象徴的な〈法〉は現実的なものをコントロールできないのです。

## 致死的な享楽

ラカンは欲動の満足に「享楽」という固有の名前を与えましたが、そこで彼の発想のベースになっている欲動は、フロイトが後期に語った「死の欲動」です。

死の欲動とは、単純に言えば、「欲動はつねに「かつての状態」を取り戻そうとする。生命体にとって「かつての状態」とは生命以前の状態、すなわち死である。ゆえに欲動の**目標は死そのものである**」という議論から生まれた概念です。

これはかなり面食らう理論でしょう。なにしろ、人間を含む生命体はみな死に向かって突き進んでいくと主張しているのですから。

しかし実際、人間に死の欲動があると想定しなければ説明できないような現象は多々あります。なぜなら人間は時に、死に至る危険のある行為を喜んで行うからです。

例えば、スペインやラテンアメリカ諸国には「牛追い《エンシエロ》」と呼ばれる伝統行事があります。これは「暴れ牛を追いかけて疾走する」という祭りですが、牛に跳ね飛ばされたり、群衆に揉みくちゃにされたりする危険のある、とても物騒なイベントです。実際、牛追いによって負傷したり、命を落としたりした人の数は知れません。ほぼ毎年どこかで死傷者が出てニュースになっています。

それでも、牛追い祭の伝統は八世紀にも亘《わた》って受け継がれているのです。人々はなぜ、死のリスクを背負ってまで、牛を追おうとするのでしょうか。

いや、この問いは的を外しています。筆者の考えでは、むしろ死のリスクがあるからこそ、牛追い祭はこれほどまでに魅力的なのです。普段私たちがあまり意識せずにやり過ごしている「死」が、牛追い祭においては眼前に迫ってきます。そのように**生きながらにして死に接すること**はこの上なく魅力的で、崇高ですらあるのです。

こうした現象を説明するためには、やはり人間には死の欲動があると仮定しなければなりません。死への誘惑をもたらすような対象は、それだけに崇高になり、享楽を与えてくれます。それは「人間には死へむかう傾向性があり、人を死へと近づけるものはこの上ない〈気持ちよさ〉をもたらす」と考えなくては説明がつかないでしょう。

## 享楽とは緊張を高めることの〈気持ちよさ〉である

享楽は単純な快とは異なります。通常の快は、快原理と呼ばれる〈法〉に従います。快原理とは「緊張の度合いを下げると快が得られる」という原則です。反対に、緊張が高まると人は不快になります。

例えるなら、「蚊に食われたところを掻くと痒みが治まって気持ちいい」というようなものです。痒いところがあると、緊張の度合いが高まります。つまりはリラックスできません。しかし痒みが治まると緊張の度合いが低下し、リラックスして快が得られるというわけです。私たちは普段、そうした快を得ようとする原則に従っています。

これに対して、享楽はむしろ緊張の度合いを高めることによって得られる〈気持ちよさ〉だと言えます。緊張が高まると普通は不快が生じるはずですが、享楽はその原則には従わない特殊な〈気持ちよさ〉です。つまり快原理を超えた〈気持ちよさ〉です。

死と隣り合わせの牛追いをしている時、緊張の度合いは最大限に高まるはずです。しかし、参加者たちはそれを不快だとして避けるようなことをせず、むしろ好んで行います。なぜなら、そうすることでのみ得られる〈気持ちよさ〉があるからです。それこそが享楽というものです。

したがって享楽は単なる快ではなく、快と不快が入り交じる両義的な〈気持ちよさ〉だと言えます。そして同時に、享楽はとても危険なものでもあります。なぜなら享楽は快原理の〈法〉という安全装置を逸脱する無法者だからです。

## 死の欲動に対する主体の防衛

もし人間に死の欲動しかないなら、生きていくこと自体が不可能になるでしょう。フロイトは、死の欲動に加えて生の欲動という概念も提唱しています。これは文字通り自分の生命を延ばしていこうとする欲動です。例えばほぼすべての生命体が生殖行為を行おうとするのは、この生の欲動に突き動かされているからです。子孫を残すことで、間接的に自分の命を生き永らえさせるわけです。

人間には生の欲動と死の欲動が対立しながら並存しています。だから私たちは死や致死的な享楽をどこかで望みつつも、それを先延ばしにして生き延びています。牛追いの参加者は決して自殺志願者ではありません。闇雲に死を目指しているわけではなく、生きて帰ろうという意志を当然持っています。そこで人々が楽しんでいるのはあくまで「生と死の拮抗」そのものです。

ラカンも「人は享楽を得ようとする一方で、危険を避けるために〈法〉に従いもする」と主張しています。象徴界の〈法〉には、現実界の享楽から主体を防衛する役割があります。[*1] 快原理という〈法〉が享楽へのバリアとなるのです。

しかし繰り返すように、私たちには時に〈法〉の障壁を自ら破り、享楽のある〈向こう側〉へ驀進《ばくしん》してしまいます。享楽は死の欲動の満足に等しいものですから、それは死を免れえない危険な賭けです。もちろん〈法〉はそれを阻止しようとします。しかし〈現実的〉無意識の力は本来〈法〉の力を超えています。だから一度人が享楽へ突き進んでしまえば、〈法〉がそれを止めることはできないのです。

無意識という悪魔的なものは、すべてに逆らってでも自分の目的を果たそうとします。

象徴的無意識は不条理なまでに自らの〈法〉を完遂しようとしていましたが（「アンコール2」176頁）、現実的無意識もまた、享楽を得るためには手段を選ばないのです。

### 私たちはなぜ死の欲動に突き動かされるのか――《もの》の体験について

享楽は現実的なものであり、現実的なものは不可能なものです。なぜ不可能かというと〈法〉という防壁があるからです。つまり、この防壁に隔離されることで、現実界は〈こちら側〉からはアクセス不可能な領域になってしまうのです。

ここまでの議論はご理解いただけたでしょうか。

しかし、なぜ私たちは享楽を求める（死の）欲動にこんなにも支配されてしまうのでしょうか。

フロイトにおいては、この疑問を解決するのは比較的容易です。なぜなら彼は死の欲動を本能のようなものとして捉えているからです。フロイトの考えにおいては、死の欲動は人間（ないし生命体一般）に元来備わっている自然なものです。

しかしラカンはそうした本能論を退けます。その代わり、彼はある一つの体験を想定し

＊1　「抑圧」はシニフィアンといった象徴的なものに対して用いられる言葉なので、現実界については「防衛」という語を用います。

ます。

それは《もの》の体験です。享楽の起源は《もの》の体験にあります。より詳しく言えば、人間には生まれて間もなく《もの》の体験が訪れます。この原初的体験を経るために、人は死の欲動に動かされ、享楽を追い求めるようになってしまうのです。

《もの》の体験は、原初的な満足体験を指します。例えば授乳体験を考えてみましょう。「親からミルクを与えられて空腹が満たされる」ということを、前章では単に生理的欲求の満足として語りました。しかし定期的に繰り返される授乳ではなく、「初めての授乳体験」には、欲求の満足以上のものがあるのではないでしょうか。

初めての授乳体験は、幼児の中に生まれて初めて異質なもの（ミルク）が入ってくる体験であり、そこで与えられるのは未知の満足（まだ満足かどうかすらわからない「満足」）です。この体験は衝撃的なものであり、忘れられないものとして乳児の中に刻まれます。だから乳児は《もの》の体験が過ぎ去った後にも、それを反復しようとします。しかし、その後の授乳の中で得られる欲求の満足はもはや見知った「いつもどおりの満足」でしかなく、そこでは「最初の授乳体験の時の未知の満足」がすでに失われてしまっています。

**最初の授乳体験の中だけに**（後から）**見出される、すでに失われてしまった満足、それはまさに享楽だと言えます。**最初の満足とその後の満足には大きな隔たりがあります。前者が享楽に関わるものであるのに対し、後者は欲求（や要請）にしか関わらないからです。

## 《もの》の享楽は失われてしまう

例えば、赤ちゃんは指しゃぶりをしますが、それはこの〈最初の満足体験〉を反復しようとする行為だと考えられます。これは子供だけの問題ではありません。大人たちの喫煙も指しゃぶりの延長であり、〈最初の満足体験〉の反復を目指すものだとは言えないでしょうか（まあ一方で単にニコチンの依存作用でもありますが）。

ことほど左様に《もの》の体験は強烈です。《もの》の体験の原初的満足を忘れられないからこそ、私たちは反復行為の中で享楽へのノスタルジーに浸ってしまうのです。

しかし重要なのは、**反復行為は原初的満足を百パーセント取り戻すことはできないということです**。反復にはつねに「何か足りない」ものがあり、だからこそ際限なく繰り返されてしまうのです。

例えば好きなミュージシャンのライブに行ったとします。ライブの興奮が忘れられず、また味わいたいと思います。だから後日発売されるブルーレイを購入します。映像は当日の熱気や感動を部分的に思い出させてくれます。しかし映像は映像であり、あの日の体験を完全に蘇らせるものではありません。

ここでは原初的満足体験にあたるものが生のライブ鑑賞であり、映像が反復にあたります。映像は結局代用品であって、オリジナルを百パーセント再現するものではないのです。

あの感動は一回きりのものであり、その後には失われてしまうわけです。

それと同様に、《もの》の体験も一度きりのものです。そこで生じるはずの享楽は失われてしまいます。反復行為は享楽を完全に取り戻すことができません。享楽はもはや不可能なものになってしまっているのです。

### 〈わけのわからない〉体験

「ちょっと待った」と思われる方がいるかもしれません。「享楽とは死の欲動の満足であるはずだ、しかし授乳体験はむしろ乳児を生きさせるためのものではないか」なるほど確かにその通りです。しかし「乳児は授乳されることで生きていける」と思うのは、あくまで客観的な視点からの話です。つまり乳児の世界を内部から語るものではないのです。

ここで言う「乳児」はまだ自我も持たない存在ですから、授乳を受けたとしても、それが何のことだか分かりません。乳児はまだ自分の内部世界と外部世界との区別もついていません。ミルクを与えるもの（乳房など）を対象として把握することもできません。

それでも授乳がなされると、乳児の世界の中には何らかの変化、それも根底的な変化がもたらされます。それは生まれて初めて（客観的視点から言えば）外部から何かが乳児の体の中に流れ込んでくる瞬間です。子供はその「何か」にただ受動的な形で押し潰されるだけです（まだ能動と受動の区別すら存在しませんが）。《もの》の体験は乳児にとって〈わけのわからないもの〉でしかありません。前章では欲望という〈謎〉についてお伝えしましたが、《もの》の体験はもっと根源的な「〈謎〉以前の〈謎〉」であり、「〈謎〉として把握することすらできない〈謎〉」です。

乳児はそこで圧倒され、混乱します。最初の授乳のような《もの》の体験は、快とも不快とも言えない、生の安全保障とも死の危険ともつかない、わけのわからない（がなにか凄い）ものでしかありません。だからこそそれは快原理を超えた体験になるのです。そしてそこで〈わけがわからない〉ゆえに子供の中に同化されず、外部に排除されてしまう何かが《もの》です。それはそこで排除されるので、その後の反復でも戻ってきません。《もの》の体験は原初的な満足体験だと語ってきましたが、より厳密に言えば、それを「満足」として把握し、反復行為を通じて《もの》を取り戻したいと思ったりするのは、あくまで《もの》の体験が終わった後のことです。《もの》は、原初的な「満足」体験の中で乳児から排除されることで、初めて「失われた原初的満足のしるし」として機能するようになります。この意味で《もの》の体験とは「理解不能な何かが《もの》として排除される体験」でもあります。《もの》は失われて初めて《もの》になるのだと言ってもよいでしょう。

そして同じく、享楽もつねに〈失われたもの〉としてしか発見されません。だから享楽は不可能なもの、現実的なものなのです。*2

## 禁止から不可能へ——エディプス・コンプレックスと享楽

　授乳体験という幼児期の事柄が出てきましたので、ここでエディプス・コンプレックスを享楽の観点から見直してみましょう。《他者》の世界の中に参入し、《他者》へ要請を行うようになった子供にとって、《もの》の体験はもはや過去のものであり、失われてしまっています。しかし同時に、それが失われたがゆえに、子供は《もの》を、そして《もの》の享楽を取り戻したいと思います。

　この願いは「〈母〉の万能性信仰」(221頁)の中にも表れています。子供が〈母〉を完璧な存在にしたがるのは、もちろん寄る辺なさがあるからです。しかし享楽という観点から見れば、「〈母〉が完璧な存在であれば、自分にまた享楽を与えてくれる」という信念を抱くからです。

　子供が〈母〉の万能性を守り抜こうとするのは、失われた享楽に執着しているからでもあるわけです。〈母〉の欠如は「《もの》が失われたというしるし」です。つまりそれは享楽の不可能性を示すものです。だから子供はなかなかそれを認めようとしません。子供が手放そうとしない想像的ファルスは、享楽の不可能性を覆い隠す「享楽のしるし」でもあります。

そして剝奪の契機において想像的父が介入すると、子供は「〈父〉が〈母〉から想像的ファルスを奪った」と思い込む（222頁）と前述しました。このことを享楽の観点から語りなおせば、子供は想像的父に対して、「想像的父が享楽を禁止した」という信念を抱くと言えます。

剝奪の契機にいる子供は、享楽は「不可能なもの」ではなく「禁止されたもの」に過ぎないと信じます。それは「この禁止を破ればまた享楽が手に入るはずだ」という信念です。そのことで子供は〈父〉の禁止の向こう側に享楽の可能性を確保しておくのです。

他方、去勢の契機とは、子供が「享楽は禁止されていたのではなく、初めから不可能なものだったのだ」と認める契機だと言えます。子供は「原初に《もの》の体験があったとしても、それはもう失われて取り戻せないものだ。〈母〉は享楽を与えられることができ

＊2　再びライブの例を持ち出すと、私が初めて好きなバンドのライブに行った時には、ただ「凄い！」と圧倒されるだけで、まともに音楽を聴いたり、舞台を観察できたりする状態にはありませんでした。普通の意味で「楽しめたかどうか」と言うと疑問で、むしろ肉体的には具合が悪くなりました。しかし、それでも数日経つと「また行きたい」と思うようになり、その後の公演に出かけましたし、ブルーレイも買いました。ライブが終わった後で初めて「あれは楽しかったな」と把握できたのです。二度とあの日の体験は戻って来ないという不可能性が明らかになればこそ、初めてのライブが「とても素晴らしいもの」に思えるようになったのです。

ないのだ」という事実を受け入れます。そこで〈父〉は「享楽を禁止する存在」ではなく「享楽の不可能性を教えてくれる存在」になります。これが享楽との関係における「去勢」の意味であり、それを認めることがエディプス・コンプレクスの出口になるのです。

このようにエディプス・コンプレクスにおける剝奪の契機（第二の時）から去勢の契機（第三の時）への移行は、享楽という観点から見ると、享楽の〈禁止〉から〈不可能〉への移行と解釈できます。エディプス・コンプレクスの克服によって主体が〈母〉の去勢を認めることは、同時に「〈母〉が享楽を与えることの不可能性」を認めることでもあるのです。

## 禁を破ればよいというものではない

しかし前章の終わりに語ったように、エディプス・コンプレクスを充分に克服している主体はほとんどいません（242頁）。だから多くの人は「禁止を破れば享楽を得ることができる」と思い込んでいます。

アメリカ合衆国では禁酒法時代に最もアルコール消費量が多かった、という話を聞きます。このように〈禁止〉には〈禁止されたもの〉の価値を増大させる機能があります。人は「それは禁止されるほど凄いものに違いない」という想像を働かせてしまうからです。禁止が存在する以前よりもそのものの魅力が高まってしまうのです。

安っぽい映画のキャッチコピーで言われる「禁断の恋」という文句もこれと同じ仕組みです。禁止の度合いが高まるほど、禁止の侵犯への誘惑が高まります。人は「悪いこと」をしていると思っている時ほど興奮するのです。

しかし実際には、享楽は禁止されているのではなく不可能なのです。主体がどうあがこうと、「あの頃の満足」はもう戻ってきません。それは死ぬまで取り返せないものです。

享楽を得るためにどんどん禁止事項を破っていくと、禁止の侵犯自体が自己目的化していきます。侵犯はあくまで享楽を得るための手段に過ぎなかったはずなのに、いつの間にかそれ自体が目的になってしまうのです。そして人はいたずらに「過激」になっていき、じきに自滅して終わります。

精神分析の場を訪れる分析主体も、何か不満足があって分析を始めようとしているわけですから、そこには多かれ少なかれ「享楽を取り戻したい欲望」があるでしょう。しかし、精神分析を受けても享楽を取り戻せるわけではありません。

精神分析は〈不可能なもの〉を〈可能なもの〉にできるわけではありません。もちろん分析を経ることで、それまでできなかった何かができるようになることはあります。しかしそれは単にそれまで「不可能と思い込んでいた」だけで、本当に〈不可能なもの〉ではなかったのです。

他方で、本当に〈不可能なもの〉は何かしら存在します。最終的に分析主体は「無理なことは無理だ」と思い知って生まれる何かに身を託す術を会得しなければならないでしょう。この「無理なことは無理だ」こそ、去勢の本質に他なりません。

しかし私たちは、頭では分かっていても、なかなか「無理なことは無理だ」を受け入れられません。それを認めず、不可能なものを何としてでも手に入れようと、躍起になって過激化します。しかし、不可能なものに賭ければよいと思ったら大間違いなのです。

## 享楽は全く取り返せないのか

さて、ここから議論は後半に移ります。ここまでラカンは「《もの》は失われた何かであり、享楽は不可能なものである」と言ってきました。これは六〇年代の初期の主張です。わざわざ「初期」と記したのは、他でもありません。六〇年代半ば以降、享楽に関する新しい考え方がラカンの中に生まれたからです。

もちろんここまでの議論が間違いだったわけではありません。原初的な享楽が失われたもの、不可能なものであることに違いはありません。

しかし、不可能なものだけが享楽でしょうか。享楽は《もの》が失われた後に「過ぎたこと」として見出されるだけで、**その後の人生で享楽を得る可能性はないのでしょうか。**

ここまで見てきた六〇年代初期のラカンならば、「そうだ」と答えたでしょう。しかし一般的には、「死の欲動に身を任せ、死に接する体験をした人は、破滅と引き換えに享楽を得る。しかし一般的な人々は、享楽を熱望することはあっても、実際にそれを手に入れることはない」と。しかしながら、死の欲動は牛追い祭に興じるような一部の「勇者」だけの問題と言えるでしょうか。むしろ、淡々と過ぎ行くように見える日常にも、〈小さな享楽〉があるのではないでしょうか――六〇年代半ば以降のラカンは、そうした〈小さな享楽〉に関する議論を深めていきます。

## 日常生活の中の現実的なもの

例えば喫煙を考えてみましょう。喫煙の害はメディア等で喧伝《けんでん》されている通りであり、経済的負担も重くなる一方です。そして煙草を吸ったところで栄養など得られず、癌のリスクが高まるだけです。

私は喫煙者なので分かりますが、煙草を味わいたいのなら、日にせいぜい十本も吸えば充分です。それ以上吸っていると、むしろ頭が痛くなったり、だるさが生じたりして、デメリットの方が多くなります。しかしそれでも、咳き込みながら煙草を何箱も空にする人がいます。

やはりそこでは何らかの死の欲動が働いているとしか考えられません。確かに牛追い祭や麻薬に比べれば、喫煙でもたらされる死の危険など軽いものです。しかし、「もはや不快なのに煙草を吸いつづけずにはいられない」という現象は、快原理では説明がつきません。ニコチンの作用だとしても、ではなぜニコチンパッチなどでは駄目なのでしょうか。

そう考えると、死の欲動は意外にも身近なものとは言えないでしょうか。喫煙者はめっきり少なくなりましたが、例えば高カロリーの甘味やらラーメンやらを週に何度も食べる人や、翌朝後悔するほどの深酒を繰り返す人は大勢います。多かれ少なかれ、人は〈プチ死の欲動の満足〉を日々得ているのではないでしょうか。

それは現実的な《もの》の体験とは言えません。だからといって享楽ゼロの状態とも言えません。そうであれば、享楽のような現実的なものは完全に非日常的なものとは言い切れず、日常生活の中にも現実的なものの断片との出会いがあるのではないでしょうか。

## 《もの》から対象*a*へ

このように「断片的な形で現れる現実的なもの」を示すために、ラカンは新たに対象*a*という概念を発明しました。[*3]《もの》の体験における享楽を取り戻すことが不可能だとしても、断片化された「対象*a*の享楽」は全く不可能というわけではなく、人が日常生活の中で偶然的にそれを得てしまう可能性は充分にあります。

前半で語った六〇年代初めの時期では、ラカンは《もの》という概念を手掛かりに現実的なものを探究していました。しかしここからは対象*a*が現実界を把握するための鍵となります。

では《もの》と対象$a$はどう異なるのでしょうか。この区別は時に曖昧ですが、一応形式的に示しておきましょう。

《もの》という概念を用いていた時、ラカンは象徴界と現実界の断絶を強調していました。《もの》や享楽は現実的なものの領域に属するものであり、それは象徴界に生きる主体にとっては不可能なものです。《もの》とは、いわば象徴界の中に空いた一つの大穴です。

他方、対象$a$という用語は象徴界と現実界の同盟関係を語るために用いられます。もちろん象徴界と現実界が同じというわけでは決してありませんが、だからといって両者の「国交」が完全に断絶しているわけでもありません。対象$a$はいわば象徴界のあちこちで見出せる小さな穴であり、象徴界はこの穴を通じて現実界と繋がっているのです。

少しイマジナリーな言い方をしてみましょう。《もの》が表すのが「日常の外の非日常」だとすると、それに対して対象$a$が表すのは「日常の中の非日常」です。象徴界という日常世界と現実界という非日常世界はそれほど疎遠なものではなく、日常世界の中には非日常のミステリー・ゾーンへと繋がる穴がそこかしこに空いていると捉えられるように

＊3　《もの》に引き続いて、対象$a$という名前も耳慣れないものですが、この由来を話すと長くなるので省略します。ただしここでの小文字の「$a$」は、シェーマL（172頁）の中で小文字の他者を表わしていた「a」とは別物だと考えてください。いや、もともとは小文字の他者を表わしていたのですが、さまざまな経緯があって、単に想像的なものを意味するわけではなくなったのです。

なったのです。

## 欲望再考――欲望は《もの》を目指す

対象$a$に関してもう一つ重要なのが、対象$a$が「欲望の原因となる対象」を指すためにも用いられるということです。

一九五〇年代には、ファルスが「欲望のシニフィアン」として用いられていました。欲望は主体の存在欠如から生み出され、（象徴的）ファルスという欠如そのものを示すシニフィアンを対象とするとラカンは語っていました（216頁）。しかし六〇年代においては、それまでファルスが担っていた「欲望の原因でも対象でもあるもの」の座を対象$a$が担うこととなります。

この点で対象$a$の概念は一部ファルスと重なるところがあります。しかしファルスはあくまで「欲望のシ、ニ、フ、ィ、ア、ン、」という象徴的なものであり、象徴界の範囲内で欲望を考えるために用いられていました。それに対して対象$a$は現実界との関係で欲望を考えるために用いられます。[*4]

ラカンは主体が対象$a$と結びついて出来上がるものを**ファンタスム**（幻想）と呼び、ファンタスムこそが主体の欲望を根底的に規定する公式になると主張しました。主体の欲望を支えるのは（見せかけの）対象ではなく、無意識的に規定されたファンタスムです。つまりある対象の性質（例えばそれが魅力的であるとか）それ自体が欲望を惹きつけるのではなく、対象がファンタスムの中で欲望の対象の場所に位置づけられることで、初めて主体はその対象を欲望するようになるのです。そしてファンタスムが選ぶいろいろな（見せかけの）対象を裏で規定している、究極的な欲望の対象が対象$a$です。

だから対象といっても、それは主体が所持できたりするような普通の対象ではありません

＊4　前述の通り、ファルスが欲望の「シニフィアン」と定義されるのは、ファルスが指し示す〈欠如〉がシニフィアン的にしか規定できないものだからです。欠如とは「あるべきものがある／ない」というシニフィアン同士のペアの中でしか成立しない概念です（217頁註3）。このようにファルスが〈欠如〉のシニフィアンであるのに対して、《もの》や対象$a$という現実的なものは〈穴〉であると形容できるでしょう（前述の通り、《もの》は一つの大穴、対象$a$は複数の穴ぼこと言えます）。〈欠如〉が「（本来は）何かがそこにあるべきだ」という〈法〉によって初めて成立するのに対して、〈穴〉はルールと無縁のまま単に「そこ」に存在します。この意味で〈穴〉とは、象徴界の規定に左右されない現実的なものです。ラカンは「現実界には穴がいっぱいだが、そこでは何も欠如していない」と言っています。

実際に道路などに空いている穴のことを想像してみてください。夜道を歩いていて道路上に見えない穴があったら、それを知らなくても（むしろ知らないからこそ）人は転ぶでしょう。そして実際に転んだ後になって、「ここにはあるべき地面がない（＝欠けている）」と把握できます。そこで初めて〈穴〉は〈欠如〉として把握されるようになるのです。この意味で〈欠如〉とは現実的な〈穴〉を象徴的なシニフィアンの論理で捉えることで成立する概念であると言えるでしょう。

ん。対象 $a$ は現実的なもの、把握不可能なものだからです。ファンタスムの中での主体と対象 $a$ の「結びつき」は、あくまで「隔たりを含んだ結びつき」であり、主体は自分がどのようなファンタスムを持っているか、そこで対象 $a$ がどう機能しているかを知りません。しかし、それでも、ファンタスムの中で主体が対象 $a$ と関係を結ぶことで、欲望が《もの》を目指す形式が規定されるのです。

いきなり議論を進め過ぎました。このことを理解するためには、まず「欲望が現実界との関係においてどう機能するのか」を考える必要があります。そのために、改めて欲望と欲動の関係に立ち戻って考えてみましょう。

ある意味で、欲望と欲動の性質は正反対と言ってもよいでしょう。欲望は〈法〉に従います。他方、欲動は欲望の〈法〉より根源的なので、〈法〉を逸脱しえます。欲望とはつねに〈他のもの〉を目指す不満足そのものなので、「欲望の満足」という概念は存在しません（193頁）。他方、欲動の満足には享楽という明確な概念が与えられています（258頁）。

しかし、それでも、両者はある共通の根を持っています。それは何かというと、やはり《もの》の体験です。ラカンの議論の重心が現実界に移るにつれて、欲望も現実的なものとの関わりの中で捉えられるようになり、「**欲望とは《もの》の享楽を取り戻すことの欲望だ**」と定義されるようになりました。

欲望は欠如へ向かうと述べました（192頁）。ところで《もの》は現実的なものであり、象徴界から排除されています。つまり象徴界の側から見ると、《もの》が占めるはずの場所は欠如、それも決して埋められない欠如となるわけです。それゆえ、現実界との関係で欲望を再定義すると、欲望は《もの》に向かい、《もの》の享楽を取り戻すことを目標とすると言えます。ファルスというシニフィアンが指し示していた「欲望の究極的対象としての欠如」の背後には《もの》の喪失という事実があると考えられるようになるのです。*5

欲望が決して満足しないのは、《もの》の享楽を再体験することが不可能だからです。欲望が新しい対象を見つけた時、人は「これが手に入れば《もの》の享楽を再び獲得できるかもしれない」と期待します。しかし結局それは見せかけの対象に過ぎず、享楽を得ることはできません。だから欲望はその対象に満足できず、また〈他のもの〉を探しに行ってしまいます。これが延々と反復されるわけです。

以上をまとめると、**欲望の目標とは欲動の満足であるということになるでしょう**。そう

＊5　別の角度から説明してみましょう。欲望は〈法〉に従います。ところで《もの》は本質的に「失われたもの」であり、〈法〉の領域（象徴界）から排除されることで初めて成立します（267頁）。このような〈法〉の領域からの排除が《もの》を《もの》にするのであり、つまり**〈法〉がなければ《もの》もないわけです**。ある意味で《もの》を生み出すのは〈法〉であり、また反対に言えば、〈法〉が〈法〉であるのはそこで《もの》が排除されているからです。だから人が欲望の〈法〉に譲歩せず（後述281頁）従っていくと、〈法〉の起源にある《もの》に突き当たらざるをえないのです。

考えれば、欲望は欲動の中で動かされていると言えます。前述した通り（258頁）、欲動こそが根源的なものであり、欲望はあくまで二次的なものなのです。

## 欲望に関して譲歩してはならない

そうなるとわざわざ欲望と欲動を区別する必要がないとすら感じてしまいますが、実は、両者の間には明確に相容れない差異があります。

欲動は《もの》の享楽へ向かって真っすぐ突き進みます。しかし**欲望は《もの》から逸れてしまうこともある**のです。

欲望はつねに不満足に留まり、それゆえいろいろな見せかけの対象を手にするわけですが、それはつまり、「**欲望は騙されることがある**」ということです。つまり却って《もの》から遠ざかるような偽の対象をつかまされることがあるのです。

むしろ欲望はほとんどの場合騙されています。欲しかったものが手に入ってもそれは本当に欲望するものではないので、ただ虚しさだけが残るようなことがほとんどです。そうしたものは結局のところ「慰み」でしかなく、つまり本当の欲望に関して妥協するための何かでしかありません。

例えば、前述した（270頁）「禁止されているもの」はわかりやすく欲望の偽の対象となります。ある映画やドラマが「封印作品」になることで初めて話題になるように、禁じられることでむしろ欲しくなるという現象はありふれています。しかし禁止が生み出す欲望は虚しい欲望です。「禁止されたもの」は、欲望が本来目指す《もの》という「不可能なもの」のすり替えでしかないからです。

欲望は無意識的なもので、人は自分が本当に望んでいるものが何か分かりません。だから人は分かりやすくハッピーになれそうなものを選び取って、結局後悔することになるのです。そう考えると、「欲望（それ自体）が騙される」というよりも、「人は自分の欲望と本当に向き合っていないので、欲望の偽の対象に騙される」と言う方が正確でしょう。

精神分析の〈倫理〉として、ラカンは「**《もの》を求める欲望に関して譲歩してはならない**」と説きました。私なりに言い換えると、それは「表面的な満足で欲望を誤魔化してはならない、欲望が根本的なところで《もの》を求めているという事実から逃げてはならない」という意味でしょう。

この〈倫理〉に従うためには、慰めを与える見せかけの対象ではない、欲望の真の対象を見いだすことが必要になります。それは欲望の〈法〉の根幹にある《もの》と繋がるような対象でしょう。それこそが対象$a$です。

## ファンタスムの機能①——欲望の指標

欲望が象徴界の中で機能しながら、同時に《もの》という現実的なものを目指すためには、象徴界と現実界との間に何らかの結びつきが成立していることが必要です。この結びつきを与え、**《もの》を欲望の対象として把握することを可能にするのが対象*a***です。象徴界の中に生きる主体が対象*a*を見出し、現実界との（間接的な）結びつきを得ることを通じて、ファンタスムが成立します。このファンタスムの枠組みの中で欲望は《もの》を目指すのです。

欲望が生まれる時には《もの》は消えてしまっています。《もの》は象徴界の中では把握不可能であり、欲望が《もの》に至ろうとしても、それが何かわかりません。そこで主体は対象*a*という「現実的なものの断片」を使って、**失われた《もの》を何らかの形で対象化するのです**（もちろん、前述の通り〔277頁〕、普通に認識されるような意味での対象ではありませんが）。

ラカンは対象*a*を「主体が《他者》の世界に参入した際に象徴化されきらなかった残余」と定義しています。対象*a*はいわば、主体に対して《他者》の世界の象徴化プログラムが実行された際に、変換エラーとして廃棄された一部分《パーツ》です。《もの》のような形で象徴界の全き外部へ放逐されてはいないものの、見えないところに潜んでいる一種のバグです。対象*a*は象徴界の全体性の中に還元できない異物であり、ある意味でゴミのようなものです。しかし、だからこそ、それは象徴界からはアクセスできない現実界と繋がる断片となりうるのです。

欲望は対象$a$という、自分でもよくわからない謎の異物と結びついて《もの》を目指します。だから人は自分の欲望の真の対象が何かを知りません。ファンタスムそれ自体が無意識的なものですが、その中にはそのファンタスムにとっても異質な何かが（しかもファンタスムの根本的な対象として）存在しているのです。

例えば、好きな人がいても、その人の「何が」好きなのか、本当のところを言うことはできません。もちろん、目鼻立ちが綺麗だとか、気遣いがあるとか、相手の見せかけの美点をとりあえず挙げることはできます。しかし自分が心の内で本当に惚れているものが何なのかは、自分でもわからないのです。

人が無意識的に惹かれるのは、場合によっては醜いかもしれない何かです。欲望の見せかけの対象とは異なり、対象$a$は《もの》と繫がっています。だからそれは通常の観点（《もの》の排除によって成立する常識）からは嫌悪の対象ともなりうる何かかもしれません。欲望は綺麗なものだけを目指すわけではないのです。*6

## ファンタスムの機能②——享楽の規定

ここでもう一つ重要なのは、対象$a$によって主体と《もの》の間にある種の結びつきができたことで、一定の享楽が得られるようになるということです。ファンタスムは欲望を成立させるだけではありません。それはある享楽の様式《モード》を規定するものでもあります。

前述した〈プチ死の欲動の満足〉（274頁）はまさに対象*a*によって可能となる享楽、「対象*a*の享楽」と呼ぶことができます。それは《もの》が与える究極的な享楽ではないにせよ、対象*a*という《もの》の断片から汲《く》み取れるある程度の享楽です。**その汲み取り方の形式を決めるものがファンタスムなのです。**

もし、ファンタスムが欲望しか成立させなかったら、結局「《もの》を取り戻せない！」という不満足しか得られないでしょう。欲望とは不満足そのものだからです。しかし実際には、ファンタスムは対象*a*の享楽という満足をもたらします。だからファンタスムは単に人を飢えさせる何かではありません。ファンタスムは主体が享楽を得る様式《モード》を規定するものであり、一定の満足を作り出しもするのです。もちろんファンタスムはあくまで無意識的なものなので、人は自分が選んでいる享楽の様式を知らない、つまり、自分にとって何が本当に気持ちよいことか、自分では分からないのですが。

まとめれば、ファンタスムは、①未来への期待（《もの》の再発見の欲望）を生み出すとともに、②現在の満足（対象*a*の享楽）をも生み出します。ファンタスムは欲望と欲動の両者に関わり、両者を共に成り立たせる機能を持っています。そしてファンタスムの中で機能する対象*a*は、いわば欲望と欲動の結節点です。

## 人生の指標としてのファンタスム①——いかに享楽するか

いささか抽象的で、分かりにくいかもしれません。そこで、もう少し視野を広げて、人生におけるファンタスムの役割について考えてみましょう。

唐突に「人生」などという言葉を使いましたが、それには理由があります。というのも、**ファンタスムは私たちがどう生きていくかの指標となるからです。**

本能を失った人間は（153頁）、「我々はどこから来たのか、我々は何者か、我々はどこへ行くのか」という人生の意味や目的を欠いています。だから人は《他者》に生や死の意味を教えてもらおうとします。しかし前述の通り、《他者》は欠如を抱えた存在であり、万能ではありません（212頁）。それゆえ《他者》にも答えられない問いというものがあり、特に人生の意味や、性的なものに関する事柄について、《他者》は決定的な答えを与えら

＊6　例えば、完璧に美しく見える人は、憧れの的にはなっても、意外と欲望の対象にはならないものです。音楽で例えると、単に耳に心地よいメロディを連ねていても、面白みのない曲にしかなりません。ポップスの歴史の中で名曲とされる楽曲には往々にして、心地よさを基調としながらも、要所でセブンスやディミニッシュコードなどが使われており、聴者の期待を裏切って、一瞬不協和音にも感じられる流れになっているのです。

楽曲全体が不協和音や特殊なコードのみで構成されていたら、不安しか与えない前衛的な曲になるでしょう（いわば《もの》そのもののような音楽です）。しかしカノンコードのような王道のコード進行の中にところどころ「**染み**」のように存在する異物は、大きな魅力を呼びます。対象 $a$ はこのように不可解な染みとして姿を見せるのです。

れません。

なぜならそれらは現実的なものと関わる問いだからです（130頁）。現実的なものは《他者》の世界である象徴界から排除されたものであり、象徴界の中にそれに対する答えはありません。

主体が人生の根幹を成す問いに向き合う時、《他者》は頼りになりません。だから主体は自分自身の手で、自分なりの答えを見つける必要があります。もちろんこの問いに究極的な答えは存在せず、主体が見つけ出す答えは仮の指標に過ぎません。しかし《他者》が答えを与えてくれない以上、主体は自分で応答しなければならないのです。

**ファンタスムとは、現実的なものへの問いに対する主体的な答えとして形成される人生の指標です。**本人はそれに気付いていないかもしれません。それでもファンタスムはその主体の生き方に対し、無意識的な形で一つの指標を与えます。そしてこの指標によって規定される人生の重要な要素が「いかに気持ちよくなるか」です。

誤解を恐れずに言えば、私たちが死なずに生きつづけているのは、なにがしかの〈気持ちよさ〉が得られるからです。例えば、何かに成功した時の〈気持ちよさ〉、大切な人といる時の〈気持ちよさ〉、好きな音楽を聴いている時の〈気持ちよさ〉などです。

この〈気持ちよさ〉とは、つまり享楽です。**享楽こそが人生の意味の支えになるのです。**「どうやって生きていくか」という問い、それはある意味で、「どうやって気持ちよくなるか」という問いに他なりません。

## 人生の指標としてのファンタスム②——いかに〈余白〉を持つか

ただしここで注意すべきなのは、享楽は両義的であって、人生を破壊する危険なものでもあるということです。あまりに過大な〈気持ちよさ〉を得ると、死に至ってしまいます。享楽が破壊的になりすぎないためには、つねに〈余裕〉がなければなりません。それは「まだ最高の〈気持ちよさ〉には至っていない」という余地のことです。そうした空白部分があるからこそ、私たちは〈他のもの〉を求め、いろいろな新しいことにチャレンジできるのです。

〈他のもの〉を求めるチャレンジ、それはまさに欲望の本質です（193頁）。つまりこの余地は、欲望が働くための余地だと言えます。それがなければ、一つの満足にしがみつき、人生全体がその満足に溺れてしまうでしょう。

それはある種の心的な依存症の状態です。こうした依存は人を一つの（断片的な）享楽の対象に縛り付け、そこから離れる自由を奪ってしまいます。それは実質的に死と近しいと言えます。欲望がなくなって心的な依存症に陥ってしまった状態というのは、中毒的な享楽を与える何らかの対象から離れられず、自分がなくなって対象の中に溶け込んでしまう状態です。それよりは、たとえ欲望が騙される運命にあるとしても（280頁）、騙されていないと思い込んで一つの対象に縋りつくより、騙されたことを（また、そこで騙された自分自身を）しっかり認め、新しい何かにまた騙されにゆく方がいいのです。それが欲望に関して譲歩しないための道です。

つまるところ、①どういった形で自分が享楽を得ていくかということ、また、②欲望が機能するためにどういった〈余白〉を持って行くかということ、これが人生の意味や方向を決定づけます。そう、ファンタスムとはまさに、享楽の様式を規定するものであり、また欲望の指標でした。ファンタスムによるこうした規定が、人生の道しるべになるのです。

ファンタスムは個人的なものとは限りません。もっとも強大なファンタスムは宗教でしょう。宗教は世界規模で人生の指針を与えつづけています。人生の喜びとは何か、正しい生き方とは何か――なにがしかの宗教の教説から、その答えを得る人は大勢います。さらに宗教は、神秘体験などによって、大きな享楽を与えます。すべての信徒が神秘主義者ではないにしろ、日々の宗教的行為が生み出す充実感のようなものは、日常生活の中に一種の満足を生み出します。宗教ほど強大なファンタスムはないでしょう。

ことほど左様に、ファンタスムは私たちの人生の根幹に存在しています。だからファンタスムについて考えることは人生や世界そのものを考えることに匹敵します。私たちはなにがしかのファンタスムがなければ生きていく道を失ってしまいます。ファンタスムとは、言ってみれば人の生き方そのものの形式なのです。

## ファンタスムは万能ではない

ところで「ファンタスム」とは、日本語に訳すと「空想」ないし「幻想」です。つまり人が生きるための指標は、本来幻想でしかないのです。「フィクション」と言ってもよいでしょう。人間に本能がない以上、後天的に作られた人生の指標など、所詮フィクションでしかありません（ちなみに“fiction”はラテン語の“fictio”に由来し、語源的には「作ること、加工すること、みせかけること」の意です）。

本章の冒頭で、六〇年代に象徴界と想像界とが「見せかけ《サンブラン》」としてまとめられるようになったと述べました（257頁）。ファンタスムとは、主体が象徴界（と想像界）を通して現実界に接するため無意識的に作り出した枠組みと言えますが、それは見せかけのものに過ぎません。ファンタスムは構築された見せかけのものに過ぎないので、**それは解体することもできます**。

このことは精神分析の臨床において大きな可能性となります。

というのも、ファンタスムは時に、大きな苦しみの原因になることもあるからです。繰り返しになりますが、ファンタスムは現実的なものに対する主体の仮の応答に過ぎないので、万能ではありません。ですから人生の途上においては、既存のファンタスムでは対応できないような出来事が生じる可能性があります。

例えば仕事に生きがいを感じていた人が事故に遭って仕事ができなくなるとか、熱心に信仰していたのに大切な人を失ってしまうとかいう不幸な出来事は起こりえます。それほどトラウマ的でなくとも、例えば受験に全力で打ち込んでいた人が大学に入ると何をして良いか分からなくなるなど、**それまで自分の根底にあったファンタスムが根本的に機能不全に陥る出来事は、人生のうちで必ず生じるでしょう。**

また前述したように、ファンタスムがその様式《モード》を規定する享楽とは、単なる快とは違って、快と不快が入り交じる両義的なものです（261頁）。だからファンタスムの中で享楽が固定されてしまうと、それは苦しいものにもなりえます。

到底幸せになれそうにない恋愛の中にいつも身を投じ、そのたびにひどく苦しむ人は珍しくありません。悲しんでうんざりしても、人はまた不幸な恋愛を繰り返してしまいます。性愛にまつわる過去のトラウマを克服しようとして、却ってトラウマを生み出すような性関係に無意識的に縋《すが》りついてしまうのです。

不合理だとわかっていても、こうした態度をやめることは容易ではありません。その理由の一つは、不幸な恋愛が「痛い享楽」を生み出すからです。先述のように（287頁）、ファンタスムには依存性があり、人を中毒に陥れることもあります。この場合、人はいわば不幸中毒に陥っています。

人は往々にして不幸を自分の人生の支えにしてしまいます。不幸を得ることがかえって安心をもたらすこともあります。そうなると、自分の中の悪魔的な力に導かれ、自分で自分の首を絞めるように苦しい享楽を生み出してしまいます。無意識のファンタスムはこの「自分を超える力」（欲動）を固定化し、理由が分からないままに苦しいことを繰り返す原因にもなってしまうのです。

## ファンタスムの横断

しかしそれでは、もっと良い人生に続く扉が閉ざされてしまうでしょう。不幸や苦しみの原因にもなってしまうファンタスムから抜け出すためには、いったいどうすればよいのでしょうか。

まさにここに精神分析の仕事があります。精神分析では、それぞれの分析主体が自らの隠れたファンタスムを露呈させ、新たなファンタスムを構築しなおすことが促されます。これをファンタスムの横断と言います。

ファンタスムは無意識的なものであり、自分の欲望や享楽を規定しているのに、自分では気づくことのできない公式です。人はファンタスムという枠組みを知らずに、単にファンタスムがもたらす幸福や不幸を享受するがままになっています。

だから無意識的なものとしてのファンタスムを横断する作業は、精神分析の場でなければ、なかなかできません。

そしてファンタスムこそ、精神分析において現実界を扱うための王道の一つです。先述の通り、言語の臨床である精神分析は現実界そのものを扱うことはできず、あくまで主体が現実界に向き合う姿勢しか相手にできません（255頁）。しかるに、まさにファンタスムこそ、主体が象徴界（と想像界）を通して何らかの形で現実界に接続《アクセス》するための枠組みそのものです。だからファンタスムは、精神分析が現実界に介入するための恰好の媒体になるのです。

しかし実際には、それは生半可な難しさではありません。ファンタスムとはいわばその人が世界を見る窓枠であり、その人の生き方や世界観を根本的に規定していた枠組みです。だからファンタスムを横断するというのは、**自分の生き方を根底から変えること**を意味します。しかし人はなかなか変われないものです。日常生活の中でさまざまな出来事を経験すれば、表面的には変わるでしょう。しかし本質的には、ずっと同じような人でありつづけます。

人生の抜本的な変化はそう簡単にもたらされるものではありません。それには長い時間と、粘り強さが必要です。精神分析は一種の忍耐を要求するのです。

## 理想から脱却すること

では具体的に、いかにしてファンタスムは横断されるのでしょうか。

そのためには各々の分析主体に特異的な過程が必要でしょう、それでも重要な共通点があります。それは**対象*a*と〈理想〉の癒着を引き剝がすこと**です。

ファンタスムが強固なのは、その中で享楽ないし欲望の対象（対象*a*）が、なにがしかの〈理想〉によって覆われ、見えなくなっているからでもあります。

先ほどの例（290頁）を再び参照すれば、信者が〈理想〉としているのは神や神が与えた律法でしょうし、仕事人間が〈理想〉としているのは会社やビジネスです。受験生にとっての〈理想〉は、もちろん夢の志望校です。これらの〈理想〉を諦めることは、罪の意識や恥の感情を生み出します。信者であれば「地獄に落ちるかもしれない」、会社人間であれば「社会の中の居場所がなくなる」、受験生であれば「大学に落ちたら負け組だ」といったものです。恋愛の中で相手が〈理想〉化されていると、相手に見捨てられれば自分の存在意義を失うと思い、苦しくなってもその人から離れられなくなることがあります。他にも、もっと根源的で無意識的な〈理想〉があるでしょう。

しかしファンタスムを横断する時、これらの〈理想〉は、単なる欲望の対象に変わります。つまり「**そうした〈理想〉を見出すことで、自分が本当は何を求めていたのか**」が分かるのです。まさにそこで対象*a*は欲望の対象として、あるがままの姿を現し、それとともに主体の存在欠如（194頁）が露わになるのです。

ファンタスムの横断によって〈理想〉が失墜することで、自分の中にある、もしかしたらおぞましいかもしれない欲望の姿が剝き出しになります。欲望は対象$a$という（場合によっては）おぞましい何かと結びついているからです（283頁）。例えば、慈善活動を支えていた動機が、人類の平等という高邁な〈理想〉ではなく、自分より「哀れな人」を見つけ出して安心したい、という汚れた欲望だったと明らかになる、というように。

ファンタスムの横断は良かれ悪しかれ人生に根底から大きな変化をもたらすものであり、自己像や世界観を一変させてしまいます。それはショックなことかもしれません。しかし自分にとっての〈理想〉が欲望として露わになると、〈他のもの〉を目指す欲望の機能もまた働きだします。そのことで、「あの〈理想〉を求めていたのは必然的なことではなかった。自分は他にもやりたいことがあったじゃないか」と気づけるかもしれません。そこには、無意識的に構築していたファンタスムを対象化し、新たな人生の道を拓くためのチャンスがあるのです。

第一章で「精神分析は〈理想〉に苦しめられなくなるための営みである」と述べたのを覚えておられるでしょうか（43頁）。今や私たちは、それを「ファンタスムの横断によって、それまでファンタスムの中で〈理想〉として祭《まつ》り上げていた対象から自由になるための営み」と言い換えることができます。

専門用語を用いれば、この〈理想〉は自我理想と呼ばれるものです。ラカンは自我理想を、主体が世界を見るための定点だと言っています。それは、世界を眺める窓枠であるファンタスムの核心部分に、対象$a$と癒着した自我理想があるからでしょう。それまでの自我理想を離れること、それは、異なった視点で世界を眺めるための新たな窓枠を見つけるということなのです。

## まとめ

本章ではまず、現実界の導入によってラカン理論の対立軸が〈想像界 vs. 象徴界〉から〈見せかけ《サンブラン》（象徴界＋想像界）vs. 現実界〉に変わったことを確認しました。次に享楽という死の欲動の満足を紹介した後、その起源となる《もの》の体験、およびこの体験の中での《もの》の喪失について解説しました。

後半以降は、《もの》の享楽を一部取り戻す対象$a$の享楽について語り、対象$a$を軸とした現実界と象徴界（および想像界）のつながりとしてのファンタスムの姿を明らかにしました。そしてファンタスムの横断により、〈理想〉に覆われていない、欲望の対象としての対象$a$を露わにし、新たな〈生き方〉を見出していくことが精神分析の目標であるという結論に至りました。

ファンタスムを横断したところで、《もの》が取り戻せるとか、不可能なものがなくなるわけではありません。絶対的に不可能なものは、最後まで不可能なままです。あくまで変わるのは、いかにして不可能性と付き合っていくかという姿勢《スタンス》です。

だから重要なのは、不可能なものがあることを認めること、しかし性急にそれを求めようとせず、うまい付き合い方を見出していくことです。

それは一朝一夕ではできないことでしょう。それゆえ時に人は焦燥に駆られ、不可能なものに賭けて自滅の道を辿ってしまいます。しかし、不可能なものの否認が幸せをもたらすことはまずありません。

結局、私たちは一歩一歩進んでいくしかないのでしょう。精神分析も、いたずらに早期の治療をもたらそうとする精神療法とは違い、気の遠くなるような期間、地味な自由連想を続けていきます。それは、人生そのものの歩みと一緒です。

＊　＊　＊

人生の終わりは死という形でやってきます。それでは、精神分析の終わりは、いかにしてやってくるでしょうか。換言すれば、ファンタスムの横断の果てに、私たちが辿り着く場所はどこなのでしょうか。

本書の旅にもいよいよ終わりが見えてきました。次の終章では、精神分析の終結についてお話ししましょう。

## 【アンコール4】神経症・精神病・倒錯

第一章において、精神分析の中で精神障碍は神経症、精神病、倒錯（＋自閉症）に分類されると述べました（40頁）。実はここまで語ってきた議論（特に第四章から第六章）はみな神経症者にのみ当てはまるものでしかありません。

精神病者や倒錯者の精神病理を考えるためには、また別の論理《ロジック》が必要になります。本書ではあまり精神病や倒錯について語ることができませんでしたので、このコラムでそれを補っておきましょう（ただし自閉症に関する議論はまだ精神分析の中でも確立されておらず、一般的なものとして解説できないので割愛します）。

### 症状ではなく構造

神経症には神経症の、精神病には精神病の、倒錯には倒錯の苦しみがあります。これらの精神障碍のうちどれかが幸福であり、その他が不幸であるというわけではありません。その人がどのような人生を送ろうと、そこには必ず、なにがしかの辛さがあるものです。

ただし精神障碍によって、苦しみの質は異なります。このコラムが目的とするのは、その質の違いを明らかにすることです。

この質の違いは精神障碍の疾病分類に関わるものです。しかしこの「疾病分類」という言葉の定義が問題です。分類は何に依拠して行われるべきか、つまりは精神障碍の「違い」をどこに探し求めるべきか、まずはそれを明らかにしなければなりません。「精神障碍」という一般的な言葉を用いましたが、精神分析においてそれは必ずしも「生きる上での障碍」を意味するものではなく、むしろ「生き方」そのものです（41頁）。つまり神経症者、精神病者、倒錯者は、それぞれ異なった「生き方」の構造を持っているのです。

そこで問題となるのはあくまで「構造」です。つまり顕在的な症状に基づいた分類は無意味《ナンセンス》です。あくまで、そうした症状を規定している潜在的な構造が問われなければならないのです。

現代の精神医学では構造論的な問いを捨てて症状の現象《みため》にだけ着目するような鑑別診断が主流です。これは精神医学の治療がもっぱら投薬治療に終始していることと関係しているでしょう。医師は「なぜ患者がその症状を持つに至ったか」という原因を考える必要はなく、「どんな症状か」だけが分かれば、薬を処方して治療を行えるからです。現代の精神医学は原因論を手放しつつあると言えるでしょう。

それに対して、精神分析はあくまで患者の人生そのものを扱う臨床実践です（42頁）。したがって精神分析的な疾病分類は、あくまで構造を考えなければなりません。もっと言えば、人生の構造を規定している根本的な要因《ファクター》を考えなければならないのです。この要因《ファクター》は〈父〉の問題に収斂する、とラカンは考えました。一言でいえば、神経症者は「〈父〉がいる」ことに苦しみ、精神病者は「〈父〉が何か分からない」ことに苦しみ、倒錯者は「〈父〉が馬鹿にしか思えない」ことに苦しむのです。どういうことか、順番に見ていきましょう。

## 精神病における《父の名》の排除

第五章で何度も語ったように、神経症者の苦しみの根底にあるのは〈謎〉としての欲望です。主体はエディプス・コンプレクスを通じて「〈父〉（現実的父）のファルス」という欲望のシニフィアンを見出しますが、それは《父の名》（象徴的父）によって機能するものです。つまり神経症的な苦しみは欲望の苦しみであり、それは《父の名》が機能することで初めて生まれると言えます。

それとは反対に、精神病的な苦しみは《父の名》が機能しないことで生まれると言えます。精神病を特徴づけるものは《父の名》の排除です（この「排除」は267頁の《もの》の排除とはまた別の意味です）。

ここで「精神病」と呼ばれているものは、大まかに言ってスキゾフレニーとパラノイアを二つの極とする精神障碍を指します。スキゾフレニーとパラノイアの間に構造的差異はなく、どちらも同じ構造、つまり《父の名》が排除された構造の帰結です（なおスキゾフレニーは現代日本の精神医学では「統合失調症」と訳されますが、現代の精神医学における統合失調症とラカンにおけるそれは微妙に異なるので、ここでは原語をカタカナ表記します）。

では《父の名》が排除されているというのはどういう事態でしょうか。《父の名》とは〈法〉を司るシニフィアンであり（203頁、208頁）、象徴世界の秩序全体を保証している存在です。しかし精神病者においてはこの《父の名》が機能していません。それゆえ精神病者の世界はつねに、あらゆる〈法〉が崩壊し、無秩序に陥ってしまう危険を孕んでいます。

もう少し具体的に述べましょう。神経症の病理は《父の名》を前提としており、それゆえ神経症者は〈父〉の存在を厄介に感じています。神経症者の世界はつねに反復に満ちています。欲望に関しても、それを支えるファンタスムが強固に構築されているので、主体はいつも同じような欲望のシーンの中に置かれます。このように神経症者の人生が「いつも同じような」ものになるのは、それがつねに《父の名》の〈法〉によって統御されているからです（「同じことの反復」については64頁や177頁でも語りました）。

しかし、反対に精神病者は世界における反復の不在にこそ苦しんでいるのだと考えられます。なぜなら、そこでは世界の恒常性を支える《父の名》が機能していないからです。神経症者が「同じような毎日、同じような不幸」の閉塞感に苦しんでいるとすれば、それに対して精神病者は「毎日毎日、あまりにも違うことが起こって気が休まらない。不幸を一定の形で把握できない」ことに苦しんでいると言えます。

《父の名》が支える秩序は退屈や閉塞感をもたらす一方で、主体の安全を保障します。往々にして安全なものとは神経症者にとってつまらないもので、だから〈法〉という安全装置を侵犯して、危険な致死的享楽を求めてしまうわけです（270頁）。

しかし《父の名》が機能しない世界を生きる精神病者には〈法〉という秩序が与えられていません。だから安全な〈法〉を侵犯して致死的享楽を求める必要はありません。そもそも〈法〉がないのでそれは無理です。**精神病者にとって、《もの》や享楽は〈法〉の向こう側にある失われた「憧れ」ではなく、つねに自分の近くにある恐ろしい何かであり、世界は享楽という無定形の危険に満ちているのです。**

〈法〉は享楽などの現実的なものに対するバリアになると述べました（262頁）。しかし精神病者はこのバリアをもつことができていません。だから、幻聴や幻覚といった形で、絶えず現実的なもの（この世の条理を超えたもの）に襲われ、致死的な形で無理やり享楽させられることになります。《父の名》ゆえの閉塞感に悩む神経症者とは正反対で、精神病者には気の休まる時がありません。いつ、どこから、危険な現実界が襲ってくるかわからないからです。

精神病者が危険な《もの》に圧倒され、無秩序の中で自分を失ってしまう状態がスキゾフレニーだと言えます。もちろんそれは恐怖の極みなので、精神病者はなんとか世界の中に秩序、つまり〈法〉を導入しようとします。しかし《父の名》が機能していない以上、〈法〉を保証してくれる《他》の存在を頼ることはできません。だから精神病者は自分で世界の〈法〉を作り出し、維持しなければならないという大変な労苦を強いられます。この労苦の結果出来上がるのが一般に「妄想」と呼ばれるものです。強固で一貫した妄想体系を構築している精神病者はパラノイアと呼ばれます。

図式的にまとめれば、精神病者は、スキゾフレニー的な「完全無秩序への転落」を避けるために、パラノイア的妄想によって自分自身の〈法〉を作り出そうとしていると言えるでしょう。

## 妄想を「持続可能」にすること

このように神経症者と精神病者の精神病理は全く異なったものであり、したがって精神分析も、両者に同じ形の臨床を行うことはできません。神経症の臨床についてはこれまで繰り返し語りましたが、それでは、精神病の臨床はいかなるものでしょうか。

妄想は精神病者の世界を無秩序から救い出すものであり、決してそれ自体が有害ではありません。ではなぜ一般的に妄想は病理的なものだと見なされているのかというと、おそらく**精神病的妄想が神経症者のエディプス神話（およびそれに基づくファンタスム）と相容れないから**でしょう。

妄想もエディプス神話も、どちらも主体が《他者》の世界を想像的に解釈した結果として生まれる神話です。しかしもろもろの神経症者のエディプス神話は《父の名》（およびファルス）を前提としており、したがってその内容はさまざまでも、形式的には一つのものを共有しています。それに対して、精神病的妄想は精神病者が自分自身の手によって特異な形で作り出したものなので、共有不可能です。だから他人にとって、それは「異様」で「病的」なものに映るのです。

悲しいことに世間の多数派は現在のところ神経症者です。だから精神病者は多くの場合、自分の妄想と神経症者のエディプス神話との衝突に直面してしまい、その結果、世界の中で孤立し、自分の中に引きこもってしまう危険を抱えています。

それゆえ分析家の役割は、決して妄想を消失させることではなく、**精神病者の妄想を持続可能《サスティナブル》なものにすること**です。例えば、神経症が多数派の世界でも、それほど他人と衝突しないで維持されうるものにしていくことです。そして精神病者の妄想は〈父〉の保証を欠いた想像的なものなので、とても脆いものです。妄想はそのままではいつ崩れるかもわからない、つまり持続可能性の危ういものです。だから妄想に対して《他者》による補助が必要になる時もあるでしょう。

分析家は精神病の分析主体に対し、自身の妄想体験を言語化することによって再構成するよう求め、妄想にシニフィアン的な支えを与えたり、《他者》の代表者としてそれを補強したりします。例えば患者の妄想が「〇〇を殺せば世界は救われる」というような物騒なものであれば持続可能とはならないでしょう。だから分析家はうまく軌道修正を試みたり、あるいは妄想体系の中に欠けた部分があったら、それを積極的に補ってやったりするのです。

## 倒錯について

さて、最後に倒錯者について触れますが、これは少し説明が困難です。ここでの説明は、あくまで部分的なものです。

精神分析における「倒錯者」とは性的倒錯者のことです。といっても、それはLGBTなどの性的少数者《マイノリティ》を指すものではありません。あくまで《父の名》に基づく定義です。

精神病者と異なり、倒錯者には《父の名》が排除されているわけではありません。しかしそれは、神経症者のように充分に機能しているわけでもありません。倒錯者の《父の名》は、この点で曖昧なものです。

簡単に言えば、倒錯者は〈法〉を保証する存在（象徴的父）を知っていますが、しかしそれが馬鹿げたものにしか思えないのです。したがって倒錯者はファルスによる性別化や、《父の名》が支える〈法〉を嘲笑いながら生きることになります。

第五章で、「〈父〉は〈母〉がそう認めることで〈父〉になる」と述べました（207頁）。それと反対をなすように、倒錯者は〈父〉の存在を知ってはいますが、〈父〉という権威やその機能を認めてはいません。一応〈父〉の何たるかを（実感していなくとも）知ってはいるので、《父の名》が全く排除されているわけではありません。だから精神病的ではありませんが、かといって神経症的でもありません。

曖昧な説明になってしまって申し訳ないのですが、倒錯者の構造の統一的な定義は確立されていないのです。そもそも倒錯者は基本的に分析や分析家を馬鹿にしているため、滅多に分析の場に現れません。だからよく分かっていないのです。

最後に一言付け加えておけば、ここまで一括りに「倒錯」と言ってきましたが、正確には構造における倒錯と享楽における倒錯を区別しなければなりません。

そもそも享楽や欲動は〈法〉をはみ出すもので（258頁）、本質的に倒錯的なところがあります。神経症者や精神病者も何らかの形で享楽と関わっている以上、あらゆる主体はどこか倒錯的な要素を持っているということになります。つまり構造的には倒錯者でなくとも、倒錯的な享楽自体は誰にでも存在しているのです。

この点がとりわけ神経症者と倒錯者の区別を曖昧にしています。この曖昧さは現代においてなお強くなっていると言えるでしょう。かつては「神経症者はあくまでファンタスムの中で倒錯的な享楽に憧れるに過ぎないのに対して、倒錯者はそれを実現する」という区別を設けておけばよかったかもしれませんが、現代社会ではそこまで享楽が禁止されているわけではない（むしろ資本主義システムと合致する対象$a$の享楽を強制されている）ので、この区別も曖昧になります。

現代のように享楽の多様性が顕在化してきた時代においては、「享楽一般の倒錯性」、つまり一般化された倒錯（コレット・ソレールの用語）を検討する必要性が高まっています。しかし、構造的な倒錯者と享楽における倒錯的なものとの間には、いったん区別を設けておかなければなりません。

# 終章　すべてうまくはいかなくても——分析の終結について

精神分析は何のためにあるのでしょうか。

今一度、この基本的な問いに立ち戻りましょう。

これまで、さまざまな精神分析の目的を語ってきました。第四章では「抑圧されたシニフィアンの発話を通じて、無意識の〈法〉との新たな関係を作り上げる」と語りました（169頁）。第五章では「ファルスという欲望のシニフィアンを元に欲望という〈謎〉と向き合い、改めて《他者》の去勢を受け入れなおす」と語りました（242頁）。また第六章では「現実的なものを目指す無意識的なファンタスムを露呈させ、それを横断する」という結論に至りました（291頁）。

このようにさまざまな目的が混在しているのは、ラカンが絶えず理論的変遷（126頁）を繰り返しているからです。しかし、それでも精神分析の目的には何か一貫したものがあります。換言すれば、これらの目的は決して相反するものではないのです。

結局のところ精神分析が目指すのは、患者の〈生き方〉を根本的に変えることです。極めて大雑把に言えば、精神分析の場に来る患者は何らかの生きづらさや不幸を抱えているはずです。それはつまるところ、「自分は本当に満足できる〈生き方〉をしていない」ということに起因しています。そこには一種の「後ろめたさ」があり、それが何に由来しているかというと、「自分が本当に望むものが何か分からない」という、無意識の欲望にまつわる問題です。

ですから精神分析は、分析主体が自分自身の無意識に向き合うことで、「自分がこれまでどういった〈生き方〉をしてきたか、そして苦しみから抜け出すためにはどういった〈生き方〉を選択すれば良いか」を根底から考え直す場を提供します。重要なのは症状を解消することではありません。自分の〈生き方〉を見直し、再構成し、新たな世界の扉を見つけだすことへと向かう主体の旅なのです。

これは実のところ、極めてシンプルでプリミティブな考え方です。だからこそ、それを理論的に把握しようとすると、さまざまなアプローチが可能になります。

これまで語ってきた数々の「精神分析の目的」は、各々がその試みの一つひとつだと言えます。〈生き方〉が変わるなら無意識の〈法〉との関係も変わるでしょうし、改めて《他者》の去勢が受け入れられ、ファンタスムは横断されるでしょう。

——ここまではすでにお伝えした議論です。しかし、それでもまだ残っている問いがあります。それは、こうした無意識の探求の旅の末、主体が辿り着く終点はどこにあるのかという問題です。〈法〉との関係はいつまでも変わりつづけなければならないのでしょうか。欲望の〈謎〉の追究は終わりなきものでしょうか。横断すべきファンタスムは果てしなく姿を現すのでしょうか。精神分析には終わりがなく、患者が死ぬまで続くものなのでしょうか……今こそ、分析の終結について語らなければなりません。

## 自分自身で終点を見つける

実は、私たちは第一部においてすでにその答えを手にしています。それはすなわち特異性です。

精神分析の果てに行きつく場所は、特異的なものの場所です。したがってそれは各々の分析主体によって異なっているはずであり、一概に語ることはできません。分析の終着駅はそれぞれの主体が自分自身で見つけなければならないものであり、分析家や分析理論がそれを教えることはできません。

実際、分析の終結は分析家が「これで終わりです」と宣言することで訪れるようなものではなく、規則によって分析の期間が定められているわけでもありません。その分析が何年続くべきか、いつ終わるべきか、それは患者自身の判断に委ねられています。患者が

「精神分析の場でやるべきことは終わった。もう話したいことはない。私の分析はここで終わってよい」と思えた時、自分自身で分析家に終結を宣言するでしょう。それがいつか、分析家には分かりません。分析の終結は特異的な判断によってもたらされるものなのです。――しかし、こうした結論では何も語っていないに等しいでしょう。

## 《他者》の世界に産み落とされること

確かに特異性の問題は重要です。しかし、いくら特異性に一般的な定義が与えられないからといって、その説明を諦め、念仏のように唱えつづけていても、議論は進展しません。特異性が定義不可能であると受け入れたとしても、それでも、なぜそこまで特異性が重要なのかをきちんと理論的に説明しなければならないでしょう。そうでなければ、これはただの信仰告白になりかねません。

そもそも、人が人生に苦しむのはなぜでしょうか。――この答えも、すでにいろいろと記してきました。ある時は、抑圧されたシニフィアンが自らを認めさせようとするからだ（169頁）と語りましたし、ある時は欲望の〈謎〉に圧倒されるからだ（242頁、299頁）とか、苦しいファンタスムに縛りつけられているからだ（290頁）とも語りました。しかしここではそれらに通底する究極的な原因、つまり精神分析が最後に対決すべきものを明らかにしなければなりません。

一言で述べましょう。もろもろの苦しみは結局、人がみな《他者》の世界の中で生きなければならないということに起因します。

無意識の〈法〉は《他者》がいるからこそ生まれます。したがってシニフィアンの抑圧などが生じるのは、人が《他者》の世界で生きているからです。また《他者》の世界に参入することでエディプス・コンプレクスが始まりますが、《他者》が去勢されていることを、人はなかなか受け入れられません。さらに《他者》の世界では、究極的な享楽を与える《もの》が排除されなければなりません。……結局、主体の苦しみは《他者》の世界の構造に起因しているのです。

これは第四章で述べた「《他者》の根源的な不穏さ」（152頁）と同様の事態です。私たちは、どこまでも自分自身とは異質な《他者》に身を委ねなければ、生きるための必要性すら満たせません（184頁）。しかしそうした《他者》は根本的に不穏なものであり、人間が《他者》の世界に参入した時から、終わりなき苦しみが始まってしまいます。

何やら絶望的な話になってしまいました。《他者》がいなければ生きていけないにも拘らず、《他者》の構造が苦しみを生み出すとすれば、私たちに残された道はどこにあるでしょうか。構造上の問題であれば仕方ないと諦め、何も望まず、死んだように日々を過ごしていけばよいのでしょうか。それとも、喜びを与えてくれない《他者》を呪いつづけることに一生を費やすべきなのでしょうか。あるいは不幸や苦しみを誤魔化し、刹那的な享楽にすべてを賭ければよいのでしょうか。

いや、どの道を選んでも、結局後悔しか残らないでしょう。これらはすべて極端すぎる考え方です。

**「《他者》は私を裏切った！」**

にも拘わらず、私たちがついこうした結論に至ってしまうのは、結局、〈至福〉を諦めきれないからではないでしょうか。つまり、「究極の幸せを手に入れられない！」という絶望が、人を極端に破滅的な態度に陥らせるのです。

また重要なのは、こうした絶望が「《他者》に裏切られた！」という気持ちを生じさせるということです。

本来《他者》は私たちの生を可能にしてくれる、絶対的な拠り所であるはずです。それなのに、《他者》には欠如があり（212頁）、〈至福〉を、つまり主体にとって「一番大事なもの」を与えることができません。〈至福〉に関して《他者》は無力なのです。それが明らかになると、私たちは「騙された！」と感じてしまいます。「《他者》は絶対ではなく、ただの無力な存在じゃないか。信じていたのに！」というわけです。

《他者》の万能性信仰が裏切られたと感じた時、その恨みゆえに私たちは、《他者》に復讐しようとします。「もう自分は何も望まない（それは《他者》、お前のせいだ）」と暗に恨み言を言ったり、あるいは直接に《他者》の代表者と見なす誰かを倒して〈至福〉を取り戻そうと躍起になったりしてしまうのです。

しかし、そんなことをしても〈至福〉は結局手に入らず、《他者》の責任追及を重ねても、《他者》はそれに応えてくれません。残念ながら、《他者》の無力について、《他者》が責任を取ることはできません。救いを与えられる誰かはいないのです。

## 〈至福〉の迷宮からの脱出

こうした行き詰まりから抜け出すために、道は一つしかありません。それは《他者》の中の〈至福〉に依拠しないような自分固有の「幸せ」を見つけ出すことです。そう、それこそ「特異性」という言葉が表わすものです。

ただし「幸せ」と言っても、ここでいう「幸せ」はかなり特殊なもので、一般的な意味での幸福と捉えることはできません。つまり「《他者》の中で認められる幸せ」ではなく、むしろ幸せがないことをそのまま肯定するような〈生き方〉を指します。

一般的に「幸福」と呼ばれるものには、例えば結婚や出産や社会的成功があります。「一般的な」とは、つまり《他者》の世界で「幸福」と認定されているということです。

しかし、努力や幸運の末にそうした「幸福と呼ばれるもの」を手に入れても、きっと虚しさはなくならないでしょう。なぜなら欲望の性質上（193頁）、欲望の（見せかけの）対象が手に入っても私たちは飽き足らず、もっと〈他のもの〉を求めてしまうからです。幸せを追い求めることには終わりがありません。

つまり《他者》の世界で認められた幸せを摑んだところで、それはつねに〈至福〉には至らないのです。幸せを手に入れるほどに、何を「幸せ」と感じるかの基準《ハードル》が次第に高くなってしまいます。それまで充分満足できたものが、もはや取るに足りないものに見えるようになってしまいます。逆説的にも、人は幸せになればなるほど、不幸だと感じることが多くなるのです。

実はこれと同じことが分析の場でも生じます。そもそも人が分析に来るのは、なにがしかの不幸を抱えているからです。分析が進めば、そうした不幸はだんだんましになっていくことでしょう。対人恐怖症だった人が流暢に他人と喋れるようになったり、不眠に悩ませられなくなったりして、人生が生きやすくなるでしょう。そうなると、少しは幸せに近づけたように思えるかもしれません。

しかし、分析主体が「もっと幸せになりたい」と思いつづけているのであれば、やはり幸せの基準《ハードル》が高くなり、むしろ幸せは遠ざかって行ってしまいます。

つまりそこで主体は〈至福〉を求めてしまっているのです。そうであれば、〈至福〉の迷宮からの脱出を語ることは、直接的に分析の終結にまつわる問題だと言えます。

では迷宮の出口である《他者》の承認に依存しない〈特異的な幸福〉とはどのようなも

のでしょうか。

## 〈理想〉から特異性へ

勘の良い読者はお気づきでしょう。ここで鍵となるのがまさに〈理想〉です（43頁）。理想的な幸せ、すなわち〈至福〉はつねに手元になく、近づけは近づくほど遠ざかっていくものです。それを追い求める旅は、必然的に果てしないものになります。

〈理想〉はファンタスムの横断においても重要なものでした（292頁）。対象$a$と〈理想〉の癒着が引き剝がされた時、「自分が執着していたものは〈理想〉ではなく、単に欲望の対象だった」ということが明らかになります。そのことでファンタスムの仕組みが露わになって解体され、主体は新たな〈理想〉のもと、新たなファンタスムを構築することができるようになります。

しかし、ここで新たな〈理想〉を見出してしまえば、結局そのファンタスムにも横断の必要性が生じてしまうでしょう。つまり、それでは分析の終結にはならないわけです。

したがって、重要なのは〈理想〉とは別の場所で「幸福」を見出すことです。〈理想〉とは結局《他者》の世界のものですから、〈理想〉に依拠しつづけている限り、〈至福〉に至れないことへの苦しみは消えません。他方、〈特異的な幸福〉は《他者》の世界において理想的とされるか否かが問題にならないものです。

繰り返しますが、〈特異的な幸福〉は一般的な意味での幸せとは異なります。それは《他者》が何を言おうと関係のないものです。他人の理解が得られなくとも、「なぜそんなものを求めるのか」と呆れられ馬鹿にされても、それでも自分にとっての価値が失われないような、そういったものこそ、〈特異的な幸福〉に他なりません。

それは、言ってみれば、誰が何と言おうと、自分の生き方をそのまま肯定するような態度です。たとえ自分が理想的でなくても、万人の理解を得られなくても、自分は自分の望む生き方をしているからこれで良いという、堂々とした態度です。もし分析の果てにそんな生き方を見つけ出せたら、もはや、自分の人生が《他者》の理想に適っているかどうかを慮《おもんぱか》りながら、いらぬ気を遣って生きる必要はなくなるでしょう。

* * *

私たちは普段、自分が思っているほど特異的な人生を歩んでいません。目の前に誰もおらず、自分の満足のことしか考えていないような時でも、自分の内なる《他者》に気を遣いながら生きてしまっています。「他人の期待に応えたい」「馬鹿にされたくない」「愛されていたい」というような素朴な悩みは、見た目以上に深刻なものなのです。

《他者》から自由になること、真に特異的なものに人生を捧げようとすることは、そう易々《やすやす》とはできません。時間がかかるでしょう。進んでは戻ることの繰り返しでしょう。光明が見えたかと思えば、それが気のせいだったと気づき、涙するでしょう。すべてがうまくいくことはありません。それは仕方ありません。私たちの人生は、完全に理想的にはならないのです。すべてうまくはいかなくても、それでも、新しい日々に踏み出したい人のために精神分析はあります。

# 文献案内

参考文献一覧の代わりに、筆者の推薦する文献を紹介したいと思います。これらは本書を書くうえでも大きな参考になったものばかりです。本書をお読みになって、もっと精神分析のことを知りたいと思われた方は、ぜひとも以下の文献をお読みください。

まず第一に、ラカン的精神分析の概説書としては何より、向井雅明『ラカン入門』（ちくま学芸文庫、二〇一六年）と、松本卓也『人はみな妄想する――ジャック・ラカンと鑑別診断の思想』（青土社、二〇一五年）をおすすめします。どちらも驚くほどの明快さでラカン的精神分析の理論を概説してくれる秀逸な本です。本書では紹介できなかった後期ラカン（七〇年代以降）の理論も解説されています。どちらもやや分量が多く、本書よりもいささか複雑な理論を扱っていますが、本書の議論を理解していただけた方なら問題なく読めるはずです。まずはこの二冊をぜひ通読してください。そうすれば充分ラカンの原典に当たることができるでしょう。

第二に、精神分析全般の概説書としては、立木康介監修『学校で教えない教科書　面白いほどよくわかるフロイトの精神分析』（日本文芸社、二〇〇六年）をおすすめします。ちょっと軽い感じの題名に戸惑われるかもしれませんが、フロイト理論が手際よく解説されています。また少し古い本ですが、小此木啓吾『フロイト』（講談社学術文庫、一九八九年）も丁寧にフロイトの理論や生涯をまとめています。ラカン的精神分析とは異なる立場で書かれた本ですが、ラカン派以外でフロイトがどう解釈されているかの参考になるでしょう。フロイトの著作の抜粋も収録されており、また略伝で語られるロンドンへの亡命エピソードは必読です。

第三に、精神分析の臨床実践に興味がある人は、ソニア・キリアコ『稲妻に打たれた欲望――精神分析によるトラウマからの脱出』（向井雅明監訳、誠信書房、二〇一六年）をお読みください。これは実際に行われた精神分析の症例集です。筆者も翻訳に参加しており、簡単な用語解説も収録しています。

少し理解に骨が折れるかもしれませんが、第四に、ラカン的精神分析の研究書として、河野一紀『ことばと知に基づいた臨床実践――ラカン派精神分析の展望』（創元社、二〇一四年）、上尾真道『ラカン 真理のパトス』（人文書院、二〇一七年）、工藤顕太『精神分析の再発明――フロイトの神話、ラカンの闘争』（岩波書店、二〇二一年）をおすすめします。どれも精密な文献学的読解と粘り強い思考に貫かれており、多くのことを教えられます。

精神分析の現代性に興味がある人は、立木康介『露出せよ、と現代文明は言う――「心の闇」の喪失と精神分析』（河出書房新社、二〇一三年）と松本卓也『享楽社会論――現代ラカン派の展開』（人文書院、二〇一八年）も必読です。

最後に、本来であれば解説書での理解に留まらず、直接、原テクストにあたることが不可欠です。フロイトの著作でまず読むべきは、『精神分析入門講義』（岩波書店版『フロイト全集』一五、二一巻に収録）です。精神分析の始祖よりも秀逸な精神分析入門を書ける人はいないでしょう。浩瀚《こうかん》な書物ですが、通読の苦労に見合うだけのものは必ず得られます。

ラカンの著作（『エクリ』）はやはり難解なので、まずは講義録（『セミネール』）をお読みいただくのが良いでしょう。一番読みやすいのは第一巻『フロイトの技法論（上・下）』（小出浩之他訳、岩波書店、一九九一年）です。想像界から象徴界へ至る分析の道のりが分かりやすく描かれています。

現実界など六〇年代以降のラカンに関心があるという方は（『精神分析の四基本概念』は少し難しすぎるので）セミネール第一〇巻『不安（上・下）』（小出浩之他訳、岩波書店、二〇一七年）がおすすめです。これはラカンの対象 $a$ 概念がひとまずの完成形に至ったセミネールです。

# あとがき

分析家のオフィスに向かう途中、ふと、思うことがある。自分はいったい何をやっているのか。多忙な日々の合間を縫って時間を作り、わざわざ話したくもないことを話しに行ったかと思えば、決して安くない料金を払わされる。そんな日々をもう、気づけば三年近くも送っている。ただでさえ逼迫《ひっぱく》した経済状況を余計に悪化させながら、いったい、分析をやって何か自分に得たものがあったのかと、思い悩むことがある。

それでも、いざ分析室《キャビネ》を後にする時、来なければよかったと後悔したことは、ただの一度もない。それは本当に不思議なことだと思う。

すでに優れたラカンの入門書が出版されているなか、本書のような若書きを世に送り出すことには、若干の躊躇《ためらい》もあった。それでも、「精神分析は何のためにあるのか」、その固有の立場を明らかにし、そこに立脚して書かれた入門書がまだ不足していると思われた。その点で本書にも何か資するところがあるだろうと思い、ここに蛮勇に打って出た。

したがって、執筆に際しては、何よりもまず、精神分析の固有性を明確化することに専心した。ラカン理論が難解と思われる背景には、精神医学とも心理臨床とも異なった、精神分析独自の地位《ポジション》の理解が行き渡っていないという事情があるように思われる。実際ラカンは、理論的にも政治的にも、「精神分析の固有性とは何か」という問いに、生涯を通して向き合わざるを得なかった人である。哲学や言語学などのさまざまな概念を理論体系に取り入れる際も、それらは固有の意味での精神分析に役立つように仕様化《カスタマイズ》されなければならなかった。そのため、彼が「精神分析」という営みに与えている独自性に立脚してでなければ、そもそもラカンを理解することはできないのである。

そうした事情を鑑みて、本書では、分析の独自性を明らかにすることを第一の主題にした。議論の便宜を図るためとはいえ、行き過ぎた図式化、単純化を行ったところもあり、有識者の中には眉を顰《ひそ》められる向きもあるだろうが、何卒ご寛恕《かんじょ》願いたい。

もちろん、執筆の動機はそれだけではない。単に精神分析のテクストを研究するに留まらず、実際に分析という営みに身を投じる人々の数を少しでも増やしたい。少なくとも、人生に悩み、行き詰った時、精神分析という場があることを一人でも多くの人に知っていただきたい。そうした願いも多分にあった。そのためには、今一度「精神分析とは何か」という根源的な問いに立ち戻らなければならなかった。僕が青春の少なからぬ時間を費やしたこの営みを自分なりに消化するためにも、それは是非とも必要なことだった。

その貴重な機会を下さった誠信書房ならびに編集部の松山由理子さんに御礼申し上げる。ほぼ業績も何も無い若輩者がこうして一冊の本を上梓することができたのは、ひとえに僥《ぎょう》倖《こう》という他ない。本書が皆さんのご期待に適うことを願うばかりである。

京都大学准教授の松本卓也先生には、原稿をお読みいただき、貴重なご意見を頂戴した。常に我が身の浅学を痛感させてくれる先生に、感謝と敬意を表したい。

筆者のラカン理解は、東京精神分析サークルでの活動においてこそ育まれたものである。紙幅の都合上、一人ひとりの御名前を挙げることは叶わぬが、サークルに携わったすべての方々に謝意を表したい。特に戸山フロイト研究会の仲間達なくしては、筆者がここまでラカンに深く関わることはなかっただろう。

指導教官の藤本一勇先生、ならびに藤本ゼミの学兄諸氏は、本書の出版を温かく見守ってくださった。平素より修行の機会をお与え下さる皆様に深謝する。今後もご指導ご鞭撻を賜れれば幸甚である。

いつも様々な刺激をくれる早稲田大学現代文学会、哲学・批評研究会の皆さんにも感謝したい。またサークルOBの佐藤正尚、喜田智尊両氏、彼らの特異な才能が世に知らしめられる日を心待ちにしている。

装画を担当してくれた菅野昭一君は、本書の内容についても鋭く指摘してくれた。彼の助言があってこそ、本書の全体的な色合い《ニュアンス》は現在の形になった。彼と友人になれたことは、高校時代の貴重な宝の一つである。とはいえ本書に何か不備があったとすれば、それはひとえに筆者の責である。

末筆ながら、分析家の向井雅明先生には、身の丈に余る素晴らしい序文を頂いた。先生の仕事が筆者に与えている多大な影響は、ここにそれを記すまでもない。平素よりのご高配に対し、ここで改めて深甚の感謝をお伝えしたい。

真に精神分析を必要とするすべての人々に、少しでも本書が届けられることを祈って、擱筆《かくひつ》する。

二〇一七年七月二四日

梅雨晴れの空を眺めて　片岡一竹

# 文庫版あとがき

あれから六年である。この度『疾風怒濤精神分析入門』が文庫化されて再び世に出るという話を頂き、心から嬉しく思った反面、正直に言えば、昔の原稿を読み返すのはなかなか憂鬱なことだと思った。昔とはいえまだ一〇年も経っていないのだが、人の二〇代にはいろいろなことが起こって、人間としてもいろいろなことが変わるのだ。それに、生半可にまだ新しいせいで、遠い日の甘酸っぱい記憶と言えるまでに発酵が進んでいない。

案の定、修正箇所は膨大な範囲に及んだ。こういったものはなるべく手を加えず元の原稿を再録し、文庫版の特典として補章でも付すのが得策だと思っていたが、やはり原稿を再読しているうちにどうしても手を加えたくなってしまうもので、結果として分量が膨れ上がり、このあとがきですら厳しい字数制限の中で書いている始末である。とても補章を収録できるような紙幅の余裕はなかった。

特に後半部にかけて大幅な改稿を行い、書き下ろしに近い章もできてしまったので、前の方が分かりやすくてよかったと思う向きもあるだろう。改訂の是非は読者に判断を委ねるしかないが、私としては、当時の実力不足や認識の欠如を補い、今の自分が読んでも愛せる本にできたという満足感を抱いている。

ただし、「終章」を中心に語られている、本書の基底を成す「人生観」のようなものは変えなかったし、変えられなかった。今から見れば口を挟みたい箇所も少なからずあるが、それは本書の限界として甘受するしかないだろう。

これまで向き合うことを避けていた昔の仕事とこうして正面から対決したことで、それを上手く「成仏」させられたように思う——いずれまた亡霊が戻ってきそうな気もするが。しかし今は、これで一歩先に進める、という勇気が湧いている。

このような名もない若者（と呼べる歳でもなくなってきている）が書いた本にご注目いただき、文庫化という素晴らしい機会を与えてくださった筑摩書房編集部の永田士郎氏に心から感謝申し上げたい。氏の的確な仕事が本書を完成に導いてくれた。

それから何よりも、ここまで本書を読んでくださった読者に感謝するとともに、あなたの人生が幸福に満ちるよう願っている。もちろん、それは特異的な〈幸福〉だ。

他にも感謝を申し上げたい人は大勢いる。

文庫化にあたって、精神分析家の向井雅明先生は原著の序文を「解説」として再録することをご快諾くださった。

哲学者の千葉雅也先生からは帯に有難い推薦文を頂いた。菅野昭一氏は今回も素敵なイラストを寄せてくれた。杉山健太郎氏はそれをスタイリッシュに装丁してくださった。安田和弘氏は実物以上の見栄えの著者近影を撮影してくださった。

菊池一輝、竹内大祐、森裕太、山根佑斗各氏（五十音順・敬称略）には原稿を読んでいただき、有意義なフィードバックを頂いた。また臨床心理学関連の記述に関して、臨床心理士の出水友理亜先生に貴重なご意見を頂戴した。

ここに謝辞を記して心より感謝申し上げる。

本書が誠信書房から出版された際の担当編集者であった松山由理子氏が二〇二二年六月にご逝去なされた。まだ研究者でもない学部学生に単著を書かせるという氏の有難い「暴挙」がなければ、この文庫版もありえなかった。松山さんには感謝してもしきれない。改めてご冥福をお祈りするとともに、本書を松山さんに捧げたい。

二〇二三年九月七日

片岡一竹

# 解説

向井雅明

「ラカンが最後のフレーズを言い終えようとした時に、薄暗いデュサンヌ講堂の奥から奇妙な声が上がった。それはまだほおをピンクに染め、子供っぽさの残った姿の若者から発せられたものだった。この若者は、か弱さと尊大さの混じる気取った調子で、おおげさにラカンに問いかけた。内容は高度なものだった。それはラカンの仕事の哲学的使命に関するもので、いつものセミネール参加者たちの質問とは明白なコントラストを見せていた」[*1]。

これはエリザベート・ルーディネスコが『フランスにおける精神分析の歴史II』のなかで、今では世界の精神分析界の第一人者の一人であるジャック＝アラン・ミレールが、ラ

＊1　Élisabeth Roudinesco, *Histoire de la psychanalyse en France*II, Seuil, 1986, pp.374-375.　本邦未訳。これは正確な翻訳ではなく多少脚色している。

カンの前にはじめて登場し、質問を出した時の様子を描いたものである。当時フランスでもラカンはまだほとんど理解されておらず、この弱冠二〇歳の青年がラカンを理解し、ラカンが後にセミネールの中でも同じ問題を再び取り上げるほどの内容の質問をしたということはまったく驚異的であった。

片岡一竹君のはじめての著書の序文を依頼され、原稿を受け取った時に思い出したのはこのミレールのデビューのエピソードである。というのも、この二人は、われわれのように「普通に」ラカンを理解しようとして勉強してきた者にとって信じられないほどの若さでラカンを、まだ粗削りではあるにしても、自分のものにしてそれを出版物にしているという共通点があるからだ。

共通点はそれだけではない。二人とも臨床とは直接関係のない哲学界にルーツをもっている。これはラカンを理解するにおいて重要な点である。ラカン自身それまでずっと既存の臨床の世界の人たちを相手に教育活動を進めていたが、ほとんど自分の考えは受け入れられていないと思っていた。あまりにも医学的偏見に捉えられていたからだ。そこでまだ誰の手あかも付いていない、つまり誰とも結婚していない独身者、バチェラー[*2]に希望を置いたのだった。精神分析の本質は病理的次元ではなく倫理的な次元にある。つまりそこでは病いに陥った人間が問題ではなく、それぞれの人間の生き方が問題なのだ。人間の精神的な問題は常に各自が自分で選んでいく人生において遭遇する困難から生じる。だから、精神分析は医学よりも哲学や思想、もしくは宗教の方に親和性があるのだ。分析を通して見ると、身体的症状さえもその多くは倫理的意味を持っていることが分かる。もっとも、精神医学の大きな源泉も、たとえばカントがその役割を果たしたように、やはり哲学だったということも忘れないようにしよう。

この二人の若者にはもちろん異なる面もある。それは、ミレールは当初哲学者としてのみ精神分析を扱っており、長い間自分で分析を受けることをせず精神分析を外から見ていたという点である。結局、彼が実際に自分でも精神分析を受けなければならないと考え始めて、分析に入ったのはだいぶ後になってからである。それに対して、本著者はまだ大学院生で、時間的にも経済的にもそれ程余裕があるとは思えないにもかかわらず、思い切って自分自身精神分析を受けることに身を投じている。日本では、自分でまともに分析も受けずに分析家めいた発言をする人が少なからずいることを鑑みると、彼の精神分析に対する態度の真剣さがうかがえる。

フランスでラカンがより広範囲に受け入れられ始めたのは、ミレールのような若者たちの貢献が大きい。日本でも今では他の若い人たちのおかげで以前とは質的にも量的にも違ったラカンの受容が広がっているように思える。本書がこうした運動の中で力強い原動力

＊2　bachelor には独身者という意味と、学士、つまり学のある者という意味も含ませている。

の一つとなることを祈っている。

ちょうど今は四月に入って暖かくなり、木々には明るい緑の新芽が開く季節となった。山々は燃えるような緑に覆われ始め、散歩しているだけで心が躍る。片岡君の本はまさに躍動感あふれるこの緑である。

本書は、二〇一七年九月二〇日に誠信書房より刊行された『疾風怒濤精神分析入門——ジャック・ラカン的生き方のススメ』を大幅に加筆修正し、改題して文庫化したものです。

**生き延びるためのラカン**　斎藤環

幻想と現実が接近しているこの世界で、できるだけリアルに生き延びるためのラカン解説書にして精神分析入門書。カバー絵・荒木飛呂彦　（中島義道）

**戦闘美少女の精神分析**　斎藤環

ナウシカ、セーラームーン、綾波レイ……「戦う美少女」たちは、日本文化の何を象徴するのか。「おたく」「萌え」の心理的特性に迫る。　（東浩紀）

**キャラクター精神分析**　斎藤環

ゆるキャラ、初音ミク、いじられキャラetc.。現代日本に氾濫する数々のキャラたち。その諸相を横断し、究極の定義を与えた画期的論考。　（岡﨑乾二郎）

**ことばが劈《ひら》かれるとき**　竹内敏晴

ことばとこえとからだと、それは自分と世界との境界線だ。幼時に耳を病んだ著者が、いかにことばを回復し、自分をとり戻したか。

**「読まなくてもいい本」の読書案内**　橘玲

時間は有限だから「古いパラダイムで書かれた本」は捨てよう！「今、読むべき本」が浮かび上がる驚きの読書術。文庫版書き下ろしを付加。　（吉川浩満）

**哲学の道場**　中島義道

哲学は難解で危険なものだ。しかし、世の中にはこれを必要とする人たちがいる。――死の不条理への問いを中心に、哲学の神髄を伝える。　（小浜逸郎）

**ちぐはぐな身体《からだ》**　鷲田清一

ファッションは、だらしなく着くずすことから始まる。中高生の制服の着崩し、コムデギャルソン、刺青等から身体論を語る。　（永江朗）

**人間の解剖はサルの解剖のための鍵である　増補新版**　吉川浩満

主体性と合理性が切り崩された先の「人間の定義」とは？「当代屈指の読書家による細密で浩瀚なキーコンセプトガイド」（東浩紀）を文庫化。　（大澤真幸）

**父が子に語る日本史**　小島毅

歴史の見方に「唯一」なんてあり得ない。君にはそれを知ってほしい――。一国史的視点から解放される、ユーモア溢れる日本史ガイド！　（保立道久）

**父が子に語る近現代史**　小島毅

日本の歴史は、日本だけでは語れない――。未来の世代に今だからこそ届けたい！ユーモア溢れる大人気日本史ガイド・待望の近現代史篇。　（出口治明）

**理不尽な進化 増補新版**　吉川浩満

進化論の面白さはどこにあるのか？　科学者の論争を整理し、俗説を覆し、進化論の核心をしめす。アートとサイエンスを鮮やかに結ぶ現代の名著。（養老孟司）

**病める母親とその子どもたち**　岡田尊司

不安定な親に育てられる子どもは、発達や人格形成において、どんな困難に直面しているのか。母と子の葛藤に寄り添い、克服の道を探る。（咲セリ）

**増補 戦う姫、働く少女**　河野真太郎

ジブリの少女たちやディズニープリンセスは何と戦ったのか。現代社会の問題をポップカルチャーから読みとく新しい文芸批評。大幅増補で文庫化。

**ひきこもりグルメ紀行**　カレー沢薫

博多通りもんが恋しくて——。家から一歩も出たくない漫画家が「おとりよせ」を駆使してご当地グルメを味わい尽くす〝ぐうたら系〟食コラム。

**増補 日本語が亡びるとき**　水村美苗

明治以来豊かな近代文学を生み出してきた日本語が、いま、大きな岐路に立っている。我々にとって言語とは何なのか。第8回小林秀雄賞受賞作に大幅増補。

**奴隷のしつけ方**　マルクス・シドニウス・ファルクス　ジェリー・トナー解説　橘明美訳

奴隷の買い方から反乱を抑える方法まで、古代ローマ貴族が現代人に向けて平易に解説。奴隷なくして回らない古代ローマの姿が見えてくる。（栗原康）

**明治・大正・昭和 不良少女伝**　平山亜佐子

すれっからしのバッド・ガールたちが、魔都・東京を跋扈する様子を生き生きと描く。自由を追い求めた近代少女の真実に迫った快列伝。（井上章一）

**エーゲ 永遠回帰の海**　立花隆

ギリシャ・ローマ文明の核心部を旅し、人類の思考の普遍性に立って、西欧文明がおこなった精神の活動を再構築する思索旅行記。カラー写真満載。

**独特老人**　後藤繁雄編著

埴谷雄高、山田風太郎、中村真一郎、淀川長治、水木しげる、吉本隆明、鶴見俊輔……独特の個性を放つ思想家28人の貴重なインタビュー集。

**よいこの君主論**　架神恭介　辰巳一世

戦略論の古典的名著、マキャベリの『君主論』が、小学校のクラス制覇を題材に楽しく学べます。学校、職場、国家の覇権争いに最適のマニュアル。

ちくま文庫

ゼロから始《はじ》めるジャック・ラカン
——疾風怒濤《しっぷうどとう》精神分析入門《せいしんぶんせきにゅうもん》 増補《ぞうほ》改訂版《かいていばん》

二〇二三年十月十日 第一刷発行
二〇二四年九月十日 第二刷発行

著 者 片岡一竹（かたおか・いちたけ）
発行者 増田健史
発行所 株式会社 筑摩書房
東京都台東区蔵前二—五—三 〒一一一—八七五五
電話番号 〇三—五六八七—二六〇一（代表）
装幀者 安野光雅
印刷所 中央精版印刷株式会社
製本所 中央精版印刷株式会社


ISBN978-4-480-43915-4 C0110